Une

上質なものを少しだけもつ生活

加藤ゑみ子

Emiko Kato

Bonne

Vie

Discover

Introduction

はじめに

本書は、実は三代目です。二〇〇〇年六月初版発行の『もっと素敵な良質生活』、二〇〇六年九月初版発行の『上質生活』と改訂増補を重ねてきました。より美しく上質な人生を生きたい人のための実践的なガイドブックとしての性格は変わりませんが、最初の本は、バブル時代へのいわばアンチテーゼとしての役割、二代目の本は、よりストレートに著者の提唱する「生活と人生の質」に迫ったもの、そして、本書は、その「上質なものを少しだけもつ生活」ということで、「シンプル」でかつ「上質」な暮らしに焦点を当てています。

カジュアルでシンプルな暮らしが現代の一般的な生活スタイルです。このシンプルさをそれぞれの個性で特徴づけたいと多くの人が思っていますが、すっきりと落ち着いた雰囲気を望みながらもその具体的な方向はまだ模索状態です。なぜなら日本人は美意識が高いから。冷蔵庫の中のような白いだけのシンプルさでは、満足できません。

蒔絵のない漆塗りは、その塗りの回数が深みを感じさせます。上質でシンプルな空間は、壁や床、ドアの細部、収まり方にきめ細かさと丁寧さがあります。簡潔なものはごまかしを許しません。装飾性のないシンプルでミニマムなものにこそ質感の良さが必要なのです。

素材は触っても目で見ても、その上質さは感じられます。特に無地の色彩は、善し悪しがすぐにわかってしまいます。形も同じ。単純な形は、優しい美しさか、つまらないものかがすぐにわかります。では、その決め手とは何かというと、「丁寧さ」なのです。

つまり、シンプルでも丁寧に仕上げられたものが魅力的で美しい。考えてみると、人間関係も同じです。丁寧な対応、礼儀正しい振る舞いは安らぎと安心感を与えます。人もものも空間も、大げさではない控えめな美しさのなかに感じられる上質さは、丁寧であることがひとつの方向です。

ものであれ、時間であれ、人柄であれ、その本質から見ていけば、ごくわずかな原則から成り立っており、その原則を満たすものは、必然的に美しく品格のあるものとなります。その原則とは、「丁寧に接する、扱う」ということです。それが、上質さの、ある意味、すべてです。

すなわち、上質なものとは、丁寧に扱われることを前提としているものということなのです。そして、それが結果として、美しく、このうえなく贅沢なもの、贅沢な時間、贅沢な空間と映るのです。

本文にもありますように、上質なものは、上質な空間をつくり、上質な空間はそこに住まう人の行為を上質なものとします。

本書が、あなた自身のあり方と外見をもより美しく上質なものとすることができれば幸いです。

加藤ゑみ子＆編集部

Contents

もくじ

Chapter 2. 上質な生活をつくる住まい

Chapter 3. 上質なものを少しだけもつ装い

Chapter

6. 日々の時間を上質なものにする

Chapter

7. 上質な自分をつくる　133

Chapter

1.

上質なものが
育てる
上質な生活

上質なものが上質な生活をつくりだす

上質なものの多くは、一般には、高級品とか贅沢品などといわれるようです。ただし、高級品や贅沢品だからといって、上質なものというわけではありません。

かつては、ステータスのために高級品や贅沢品をもつ、あるいはもとうとする人が少なくありませんでしたが、いまはむしろ、ステータスのためにそうしたものをもつことをかっこう悪いと考える人が若い人を中心に増えてきているようです。でも、そのために、上質なものの価値もまた否定されてしまうとしたら、残念なことです。

上質なものには、わたくしたちの生活を上質なものにする力があるからです。人生を美しく実りあるものにする力があるからです。

けれども、ただただ所有する満足のためだけに上質なものをそろえたところで、生活が上質なものになるわけではありません。高級品や贅沢品をたくさんもっていても、ちっとも上品でも素敵でもないとしたら、それを見て、かっこう悪いと感じる人がいるのは当然でしょう。

「もの」というのは、それを使う人の生活行為と一体化していなければならないのです。それが、上質なもので生活するということであり、上質なものが上質な生活をつくりだす、ということです。

どういうことなのか、もう少し具体的にご説明しましょう。

たとえば、テーブルの上の美しく上質なものといえば、クリスタルのグラスやスターリングシルバー（メッキではなく純銀）のカトラリーです。実際、薄手のクリスタルグラスは、そこに注がれた飲みものをおいしく感じさせるという点で、すばらしいものです。

けれども、缶ビールを缶のまま飲む習慣の人には無用のものでしょう。さすがに缶のままでは飲まないけれど簡単には割れないジョッキで飲む、という方にも、無用のものかもしれません。厚手のジョッキと比べて薄手のクリスタルグラスは、いかにも割れやすくて、扱いには神経を使うでしょう。

でも、だからこそ、丁寧にものを扱うことになります。その分、所作の品がよくなるのです。品がある、というのは、所作が「丁寧」なことです。

さらに、薄手のクリスタルグラスは、手入れにも手間がかかります。洗うときも拭くときも、割らないように、曇りが出ないように、丁寧に扱うはずです。

銀器も同様です。ステンレスのカトラリーなら、磨く必要もよく拭く必要もないのに、銀器はそうはいきません。使わずに放置すれば、黒ずんでしまいます。銀器の美しさは、磨いてこそのものだからです（使ってみればそれほどの面倒ではないともいえますが）。

上質なものは、丁寧な扱いや手入れを要求することが多いものです。

というのも、そもそも、手入れの手間ひまそのものが、ものと人が関わる上質な行為だからです。手入れは、丁寧な所作、人やものを大切にすることを、身体が覚えるために必要な生活行為のひとつなのです。

高級品はもっているけれど、気品は感じられない、という人がいるとしたら、こうした手入れにあてる時間や人手がないままに上質なものをもっているからでしょう。

上質なものは、上質な生活行為と一体化してはじめて、その真価を発揮します。

上質なものはまた、よく関わることによって、使う人の感性を育て、生活行為を上質なものに変えていきます。

上質な素材は、触れたり囲まれたりしたときに、安らぎとぬくもりを感じさせ、疲れを与えません。適切な形状は、使い勝手がよいだけでなく、視覚的にも、安心感、満足感があります。

もし、感性のよい人が、上質でないものに触れ、馴れようとすると、常に違和感を感じることとなり、それによって心身ともにストレスを蒙ることになります。でも、もっと怖いのは、それに馴れてしまうことです。生活行為は習慣性をもつものですから、上質でないもの、不都合なものでも、馴れてしまえば不具合感は薄れていきます。感性は、こうして鈍っていくのです。

上質なものは、使う人の品格を育てる

上質なものには「品格」があります。人に気品が必要なように、ものにも品格が重要です。飼い主が飼い犬に似るように、人がつきあっている人に似るように、人はもつものから影響を受けます。動かず、言葉も発することのない「もの」であっても、それを見続け、それを扱うことを通して感じることが、人に影響を与えないはずはありません。ものとそれを扱う人との間には、感性のつながりが生じるのです。相通じる品格というつながりです。

誰でも、お気に入りのもの、大切なものは丁寧に扱います。ですから、ものを丁寧に扱うというよい習慣をつけるには、身のまわりのものすべてをお気に入りのものにするに限ります。
つまり、上質な生活は、その「お気に入り」をどのように選ぶか、ということにかかってくるわけです。

一般に、ものを選ぶときの基準は、便利で長く役に立ち、手入れに手間がかからず、安価なもの、というところでしょう。けれども、上質なものをもつ生活では、「美しいもの」というキーワードが必要です。品格のある美しさです。自分に品格を求めるなら、もつものもまた品格のあるものでなければなりません。
これは、いわゆる高級品でなければいけないということではありません。高級品であることと品格のあることはまったく別のことです。

窓辺に飾る石ころひとつ、海辺で拾う貝殻ひとつにも、品格のあるものとそうでないものがあります。わたくしたちは、妙に威張った感じがするもの、形が奇妙で珍しいものに気をとられがちですが、それらを拾うときも、優しさと可愛らしさのなかにもどこか品格のあるものを、という目で探してみましょう。

いま、「目で」と書きましたが、実際には触って探します。目で見て探すと、とかく形のおもしろさにとらわれてしまいがちですので、手で触れて決めるほうが確かなのです。

シンプルなデザインのもの、飾りのたくさん施されたもの、それぞれに美しさを感じることはありますが、いずれの場合も、そこに品格があるかどうか、という目をもつことです。

よい使われ方をすることを目的につくられると、上質な品になる

現代のものの多くは、量産品です。そのなかにも、上質のものを見つけることができないわけではありませんが、量産品とはもともと、多くの人に利便性と安全性をリーズナブルな価格で提供しようとするものであり、その価格設定には、大量に売れるという前提があります。

これに対し、上質なものというのは、選び抜かれた材料を用い、洗練された技術で人の手を加えて、いかに目的にふさわしいものとするかを吟味してつくられます。そこで期待されるのは、できるだけ大量の人に使われることではなくて、よい使われ方をすることです。

たとえば、本来、ふだん使いの生活実用品である漆塗りのお盆やお椀やお重も、現在では贅沢品に入ってしまうのかもしれません。

長年腕を磨いた職人が、最高の素材を用いて最高の技術で、時間をかけ、何重にも漆を塗っていくことになりますから、数も限られ、お値段のほうもそれなりのものになります。現代では、人手を使って創り上げるものの価格は確かに予算を上回るものもあるでしょう。

そのぶん、本来の美しさを保ったままで長持ちするのですが、目先の安さから、プラスチックやウレタン樹脂加工のお椀やお重で十分という人もいるかもしれません。

上質なものは、決して贅沢を目指してつくられるわけでも使われるべきものでもありませんが、現代では、こうしたことの結果として、上質なものがそのまま贅沢さにつながることになっているのです。

そもそも、人手をかけ、時間をかけ、手間ひまかける余裕こそが、現代における最大の贅沢だからともいえるでしょう。

上質なものを少しだけもつ生活の基本

上質なものは結果として、贅沢なものになりがちです。したがって、すべてが上質であるというのは、「何でもそろっております」という「もの自慢」になる恐れをもはらんでいます。実は、「少しだけもつ」ということに大きな意味があります。

まずは自分の生活をできるだけシンプルに構成しようと考えてみることから始めます。シンプルにするということは、あれやこれやと多様化した生活を想像して、それらのすべてに対応したものをもとうとしないことです。

たとえば、ふだん着というと、汚れてもよい「楽な服」を着ようとしがちですが、そうではなくて、自分によく似合うおしゃれな服三着ぐらいをふだん着とします。いつ誰に会っても、いいわけしないで堂々としていられる服です。とはいえ、ふだん着ですからオフィシャルな雰囲気のものではありません。

食器は、基本はプレーンな上質の白の磁器の洋皿を中心にそろえ、ふだんも来客時も使います。盛りつけで和食も洋食も違和感なく演出します。食器は増えるときりがありません。盛りつけと使い方の工夫で少ないアイテムを生かすのです。

グラスはクリスタルのステムのあるタイプと、タンブラーの大と小があればいいでしょう。

箸も上質なものを。上質な箸は、箸使いを上達させます。

スターリンシルバーのカトラリーは、最小限のアイテム（テーブルナイフとフォーク・スプーン）でいいですから、ぜひもってください。銀器を磨くという習慣をつけるためです。その輝きに気分が癒されることを実感するためでもあります。

つまり、上質なものを、きちんと手入れし、丁寧に扱うことで、上品さを身につけるのです。手入れも扱いも、数が少なければできるはずです。

必要とするものを少なくすることで、選ぶ人の個性や特徴が浮き立ちます。数は少なくても知恵と工夫で、「ことが足りる」。そこにものと人の一体感が生まれます。

上質のものから美しい生活を創造する、つまり、日常生活における「自分文化」をつくることができます。

上質なものを必要最小限にもち、大切に長く使う

上質なものの多くは、一般的には、贅沢品の部類に入ってしまうこともあり、自分はとてもそんな贅沢なものを使う生活はしていませんからという消極的な考え方に、多くの人が正当性を見いだします。

たしかに、いくら上質なものだから、予算に余裕があるからといって、必要以上に身のまわりにものをたくさん集めるとしたら、贅沢がすぎたことです。けれども、上質なものを必要最小限にもち、それを大切に長く使う場合と、質には何の頓着もなく、あれやこれやと多くのものをもつ場合とでは、はたして予算的にどの程度の違いがあるのでしょうか。

ヨーロッパにおけるスターリングシルバーは、すり減ったものを補充して何代も使い継がれていますが、日本の漆も良いものを受け継ぐ使い方をするのが、上質なものとの関わり方です。

すぐ飽きてしまったり、だめになってしまったりして、捨てることになるのは、個人の予算の問題だけではありません。現代社会に生きる一員として、許されがたい無駄で、これはもう、環境問題をもち出す以前の話です。

無駄のないことと、捨てる行為を心苦しく感じる感性は、上質生活の基本的な条件です。捨てるゴミの量が少ないことは自慢になります。

食べものをはじめとして、つくったり工夫を加えたりするより買ったほうが安い時代ですが、安いから、手間が省けるからという理由は、上質な生活には無縁です。手間ひまをかける余裕こそが上質な生活なのですから！

目先の「安上がり」よりも、不必要なものに予算を使わない注意力をもって無駄をなくすことです。手間をかけることは、自分を磨くことでもあります。

五感をつかって、上質なものが好みのものとなる感性を磨く

多くの情報が視覚から入ってきています。けれども、視覚だけではなく五感のすべてで感じて生活すれば、もっと暮らしの楽しさが倍増するのではないでしょうか。

食は、感性を磨く最初の糸口です。なぜなら食は味覚を中心に感じているはずですが、目を閉じてみたり、鼻をつまんでみたりすると、味の感度が落ちます。何を食べているのか、美味しいかどうか不安になります。

つまり、食は無意識のうちに五感を総動員して美味しさを楽しんでいるのです。もし美味しいものに関心がなく、または美味しくないものを無意識に食べ続けていると、すべてにおいてセンスが悪くなってしまうかもしれません。

美味しいものを食べるためには自分で料理をする努力がいります。

日常的な上質の食は、有名レストランやお寿司屋さんではなく、自宅でつくる料理です。上質なプロの料理は非日常的な特別料理です。自分でつくる料理は、シンプルな材料をシンプルに調理することで味覚をリセットするためのものです。

このために必要なことは、調味料を上質なものにすることです。この場合の調味料とは単純な「さしすせそ」です。美味しい市販のドレッシングなど、混合されたお味ではないものを自分で組み合わせます。

ファッションの話題は盛り上がりますが、タオルやシーツ、キッチンクロスなどのホームリネンはあまり話題になりません。プライベートな部分過ぎるからでしょうか、いただきものを無意識に使っているからでしょうか。

機能面は吸水性と速乾性に集中していますが、重要なのは肌触りです。肌触り、つまり感触は、自分の触感で気持ちよく感じるかどうかがすべてです。ふだんからよい質感に触れていなくてはその感度は上がりません。

女性の布感覚は特に鋭いので、よい感覚はすぐ身につきます。毎日使うタオルやシーツが上質なものかを見直すこと。そして、テーブルクロスは食器のレベルに相応しいものかどうかを見直すこと。

テーブルクロスを良いものにすると食器が引き立ちます。セッティングそのもののレベルがアップします。

いまや「清貧」が最大の「贅沢」

ヨーロッパの王侯貴族の宮殿や調度品の展示を見ると、その絢爛豪華さに思わず目もくらみます。と同時に、贅沢なもののひとつに、「清貧」ともいうべき「簡潔さ」を含めてきたわたくしたち日本人の伝統を思わずにはいられません。

わたくしたちは、もともと「シンプルライフ」を求め、実践してきたのです。古くからすでに現代へ道はできていたのです。

清貧の究極は、何もないことです。何もないなかを豊かな時間が流れる、それ以上の贅沢はあるだろうか……これは、わたくしたち日本人にとって決してなじみの薄いものではありません。

では、何もなくて、何が豊かだというのでしょう？

それは、精神が豊かだということでしょう。精神の豊かさとは、よい感性をもち、無の中に豊富なイマジネーションをもたらすことができるということです。

インテリアでいえば、清貧とはよく磨かれたガラス窓です。何も華やかなものがなくても、よく磨かれたガラス窓のある部屋は美しい。清潔感、汚れのなさこそ、美の始まりです。曇りのないガラスは、清貧のなかでの贅沢です。

それはまた、日常使うものの品質のよさを知る知性でもあります。生活用品にも歴史と伝統があります。椅子ひとつ、コーヒーカップひとつとっても、よい品質のものは、伝統的技術としっかりとした目的をもった機能のもとに生み出されています。

歴史と伝統ある「もの」は、受け入れる側に、そのものの重みと風格をもちこたえられるだけの中身が求められます。上質なものを受け入れるには、それを理解し使いこなす知性が必要なのです。

精神的な貧しさと豊かさを分けるものは？

贅沢としての清貧と、卑しさとしての貧しさとの違いは、その人のあり方、行為を見ればすぐにわかります。

他人に思いやりがもてないのは貧しいからです。貧しさゆえにその余裕がないからです。他人の行為に感謝できない、それどころかそれを踏みにじってしまうのも同じことです。

上昇志向が強すぎるのも貧しさゆえのことです。他人と同じことをしたがるのも貧しさゆえ。貧しい人は、自分を守ることに必死だからです。

同様に、無責任な自己主張をするのも貧しいから。無責任な自己主張とは、自分の関心のないことには無言であるべきなのに、関心のないことにまで何かと主張し、最後は、それがふつうだと責任転嫁することです。

もうお気づきのように、ここでいう「貧しさ」とは必ずしも経済的な貧しさとは一致しません。経済的にも精神的にも貧しい人はたくさんいますが、経済的には十分に豊かなのに貧しい人、ひとことでいえば品性に欠ける人もたくさんいます。

もし、この貧しさから脱出したいと望むならば、あなたの「ほしいものリスト」から見栄や流行によって選ばれたものを削除していく必要があります。

と同時に、手間がかかる行為を排除していくことによって、生活から無駄を省こうという考えも捨てるべきでしょう。

身のほどを知りつつ美意識を高めること、経済社会に流されることなく、「本物」を身のまわりに整えていくこと、互いに尊敬し合える人との関わりを広げていくこと、それが上質な人生と上質な生活をつくります。

Chapter

2.

上質な
生活をつくる
住まい

空間を美しくすると、美人になる

言葉と行為、行為ともの、ものと空間、これらは、すべてが密接な関係にあります。

では、どれが原点になっているかといえば、やはり言葉でしょうか。美しい言葉づかいには美しい行為・動作が伴います。

ここでいう美しい言葉づかいとは、家の中でもあらたまった言葉を使うというようなことではありません。カジュアルな言葉づかいであっても、相手を尊重することを忘れない話し方という意味です。

そして、美しい言葉づかいに伴う美しい行為・動作には、美しい空間が必然的に求められます。

たとえば、だれでも高級な旅館や料亭に行けば、仲居さんにそれなりの言葉遣いで話し、所作もそれなりに丁寧なものになるはずです。少しの間なら環境に合わせた言葉遣いになることはできます。その逆に、乱雑にものが散らかり、ゴミがあふれているようなところで、美しい言葉遣いや美しい行為が行われるとは思えません。

これを逆に追っていくと、美しい空間が美しい人をつくり出すことにもなることを信じてください。美しい人になるためにも生活空間に美を与えなくてはなりません。

むずかしいことではありません。飾るセンスを磨くことです。といっても、部屋を飾り立てる、ということではありません。いわば、ディスプレイ心を養うことです。たとえひとつのものを置くにも、その置き方が気になるということです。

もしも、あなたが自分には美的センスがないと思い込んでいるとしても、生活空間を飾ろうと意識し始めることによって、美的センスを磨いていくことができます。

上質な空間には、上質なものとそれを扱う上質な行為が求められる

贅沢品で埋められた空間が、上質な空間なのではありません。不必要なもの、目障りなものがなく、人の動きをよい流れで受け止め、特に目立つものもないのに居心地のよさだけが感じられる空間、触れても決して違和感を与えない優しい素材が用いられている空間、そして、上質なものが特に際立つことなく、とけ込んでいる空間。それが、上質な空間というものです。

インテリアアーキテクトという仕事上、多くのお宅のデザイン・設計を行ってきましたが、空間の質を最終的に決定するのは、そこに住まう人の会話であり、行為であり、習慣です。そこに住まう人の生活行為が快適であるための、居心地のよさをつく

りださなくてはなりません。

上質なものは手間ひまかけてつくられますが、これは生活行為についても同様です。ふだんの生活では、必要なものが適切な場所にあり、好きずきに自分で選んで使えれば、何も不足はありません。いまでは、家庭はもちろん、ホテルでも、ルームサービスを呼んでお茶をいただくより、部屋に備え付けのコーヒーメイカーで自分で淹れて飲むほうが楽でいい、という人が多いようですが、イギリスなどの古い高級ホテルでは、サービスはいまだにすべて人手によって行い、それこそが贅沢なサービスだと考えられています。なんでも、機械で、コンピュータで、人手をかけずにセルフサービスでできる時代だからこそ、人の手に委ねることこそが最大の贅沢と感じられるのです。

そして、そのとき、似合うのは、上質なカップであり、トレイであり、テーブルであり……そこにはきっと、上質な時間が流れます。上質なものが、上質な空間、上質な時間、上質な生活行為を伴って、上質な生活をつくります。

生活のなかで感性を磨いていく過程そのものが美しく上質な人生

たとえば、センスのない人でも、流行の高級な服を上から下までマネキンと同じように身につければ、それなりに美しくセンスよく見えます。けれども、それほど高級ではない手もちの服をセンスよくコーディネイトし着こなすには、その人のセンスが問われます。ただのお金持ちと称される人は、感性の鈍さをお金で補おうとしている人たちのことです。ブランドに走るのも同じことです。

上質な生活を送るには、何より感性を磨くことが必要です。感性を磨くことに終わりはありません。それは、このくらいの感性になれば上質生活を送ることができる、といった「ゴール」ではなく、「プロセス」です。
つまり、生活のなかで感性を磨いていく過程そのものが、美しく上質な生活であり、美しく上質な人生なのです。

感性がもっとも磨かれる場とは、自分の生活空間です。自分の生活空間をおざなりにしていては、どんなにおしゃれなレストランやブティック、美術館に足繁く通おうと、感性は澱んでいきます。

ファッションや車、仕事、住まいの外観だけでは、その人の人となりが計れない場合も、その住まいの中身を見れば、たちどころにわかります。広い狭い、お金がかかっているいないの問題ではありません。その人にふさわしく整っているかどうかです。

現代では、男女を問わず、家の外、たとえば仕事などの社会的活動での活躍ぶりに目が向けられすぎていますが、その人が暮らしている生活空間それ自体が、その人の生活、そして人生の質を決定していることをわすれてはいけません。

上質な住まいを構成する四つの要素と三つの基本

シンプルで上質な生活空間に必要な最小限のものとは何でしょう？

シンプルというのは、実用的なものしか置かないということではありません。心地よい時間が流れるために飾ることもまた必要です。

飾るといっても、ごちゃごちゃと物語性もなく人形や置きもの、造花などを飾ることではありません。美しい生活空間に必要なのは、基本的には次の四つです。

・必要な家具
・生花

・壁の額絵
・美しい形のオブジェ

さらに、これらの置き方の基本は、次の三つです。
・あるべきものがあるべき場所にあって、動作が澱みなくできる空間であること。
・不要なものがきっちりと片づいていて、ものの位置の歪みやずれがいつも直されていること。
・花が常に美しく生けられていること。

壁の絵は、高価であるよりも、額が歪んでいないこと、空間に合うフレームでバランスよくかけられていることのほうがずっと重要です。

美しい人の住まいには、いつも花が生けてある

花は、生活空間に美を与える基本要素のひとつです。と同時に、花を買い替えたり、水を替えたりする行為もその費用も、ゆとりがなければできないものですから、いつも花の生けてある生活はそれ自体、贅沢であるともいえます。

しかしながら、ここでの贅沢の本質は、花の生けてある生活を楽しむことそのものです。生ける花の値段とは何の関係もありません。

近くに生えている野草を少しばかりおしゃれな鉢に寄せ植えしてみるのもまた、格別な贅沢です。それと言われなければ、立派な英国風野草のアレンジメントとなります。そうすることによって、道端の草や野原の植物に自然に意識が向くようにもなり

ます。それは、感性を磨き、心のゆとりを生む豊かな行為です。

高価な花でなくてもいいのです。ただ、野草を美しく飾るにはかなりのセンスが必要とされますが、高価な花には、感性のない人でもそれなりに美しく空間を飾ることができるというメリットはあります。

鉢で安価な花や植物を育てるのもお勧めです。雑草だとばかにしないで、図鑑でその草の名前を調べ、呼んでやります。たとえば、オシロイバナは水やりを忘れて枯れかけてもすぐに元気になり、よく増えます。ドクダミなどはにおいが嫌われがちですが、花は可愛いし、強くてよく増えます。

また、葉物ですが、ドラセナの種類は、切り口から発根するのが早くて、根のついたまま水栽培しても、土を入れても育ちます。オリヅルランやリュウノヒゲなどもよく増えます。

多肉草は、少しずぼらな人にも毎年花を咲かせてくれるのが嬉しいものです。ムスカリなどは花が咲いたら枯れるまで鉢のままにしないで、花は切って花瓶に生けて、来年のために葉だけ残します。

趣味に合わないものを身のまわりに置かない

趣味の合わないいただきものは、それが心のこもった記念になるようなものは別として、原則としてバザーに出します。どんなに高価なものであっても、いくつあっても助かるものでも、ちょうどほしかったアイテムだったとしても、趣味の合わないものは身のまわりに置かないこと。それが無駄なものを増やさないポイントです。そして、インテリアを煩雑にしないために重要なことでもあります。

これは、いただきものに限らず、自分自身の買いものについても同様です。安いから、探すのが面倒だからと妥協すると、結局別の機会に再び購入することになったり、あとで捨てることになります。そのまま使い続けると、感性が損なわれます。

自分の身のまわりに置くもの、使うもの選びは、十分に意識的であるべきです。すると、買うべきもの、もちたいものが、それほど多くはないことに気がつくでしょう。感性を鈍いままにしている人に限って、持ちものが多いと言えるかもしれません。

ただし、どんなにものの多い、足の踏み場もないような部屋であっても、もし、それらのもののテイストが統一されている場合は、さほど見苦しくは感じられません。たいていの場合、趣味に統一性がなく、ちぐはぐなために見苦しいのです。

美を損ねるものは、目についたらすぐにしまう。あるいは、捨てる

生活空間に美を与えるために、実は、花や額絵を飾る前にするべきことがあります。それは、一にも二にも掃除と手入れです（というより、実際に花などを飾ってみると、片づけと住まいの手入れの必要性を実感するものです）。そして、自分の好みのもの以外は身のまわりに置かないと厳密に決め、実行することです。

放置された新聞、ＤＭ、誰かが落としていったボタン、とりあえずそこに置いた商店街のクーポン券、空き箱など、目を向けたとき、そこに美を損ねるものがあったら、後回しにしないで、すぐに所定の場所にしまいます。あるいは、捨てます。

とにかく、すぐにしまうか捨てるか決断し、実行することが大切です。あとでまと

めて、と思っているうちに、家中が乱雑に散らかり、美しいか美しくないかどころではなくなってきます。

よく、収納が少ないからものが散らかると考えがちですが、そうではありません。しまう努力をする人と、出しておくほうが便利だと思う人の意識の違いにすぎません。

収納は、次項に記すとおり、知的に完備されていることが必要ですが、生活空間が美しいかどうかは、美しくすることに努力を向けるかどうかであって、時間がない、子どもや他の家族が散らかすという問題ではありません。

美しくしたいと願う当の本人が自分で美しく保つための努力を払うことで、ともに暮らす人の美に対する感性も育てていくことができます。

上質な生活のための収納の原則

わたくしたち日本人が感じる美の基本は、無駄なものがないことです。高価な装飾品がなくとも、どんなに古かろうと、きちんと片づけられ、床にはゴミひとつなく、磨き込まれたガラス窓があれば、それを美しいと感じます。したがって、現実には、生活に必要な雑多なものをいかに収納するかが重要になってきます。

収納というと、デッドスペースの有効利用など、限られた住空間にいかに多くの収納場所を見つけるかがテーマになりがちです。要するに、狭い場所に、どれだけたくさん入れるかが収納のテーマであると考えられているようです。

しかし、部屋が散らかってしまう原因は、道具や衣類など使ったもの、新聞や食料品のように日々外から家の中に持ち込まれるものが、ただちに所定の場所（もちろん、ゴミ箱も所定の場所のひとつです）にしまわれないことにあります。

しまわれない理由は、収納量が足りなくて溢れているからというより、自然にしまう行為に向かうような場所に収納場所がないから、あるいは、次に出すのが面倒な仕組みになっているからというケースがほとんどです。

つまり、上手な収納のポイントは、ストックではなくフロー、しまうことではなく出し入れすることです。生活行為にそって、用いるものの出し入れをいかに自然にスムーズにできるかです。次に、上手な収納のポイントをあげておきましょう。

まず、収納の大原則、それは、ストック収納と使う収納に分けて収納する、ということです。

使う収納は、調理器具、衣料品、ハウスキーピング用品などのように毎日使うもの。

ストック収納は、トイレットペーパーや缶詰、乾物などの随時補充する必要のあるストック品と、思い出の品、雛人形やクリスマス・お正月用品などのように滅多に出し入れしないものに分かれます。

それぞれに、収納のコツがありますので、順に挙げておきましょう。

使う収納の四つの原則

1　使う目的ごとにまとめて収納する

2　使う場所に収納しておく

たとえばタオルは、洗面台、トイレ、バスルーム、キッチンなど、それぞれ使う場所に収納します。住居用洗剤やブラッシ、雑巾なども、それぞれの場所に一セットずつ置いておき、汚れが目についたとき、さっとふきとります。

そのほか、ナフキンやテーブルクロスはダイニングに、新聞収納はリビングに（リビングで読むことが多い場合の話ですが）といった具合。使いたいものが常にその場所にあることで、使い終わった後、すぐにもとに戻せます。

3　出し入れしやすい収納法を工夫する
ぎっしり几帳面に収納するより、多少スペースに余裕があるくらいのゆとりをもたせたほうが出し入れがスムーズですし、たとえば、衣類は、たたむ収納よりかける収納のほうが出し入れが楽です。

4　定期的にしまってあるものをチェックし、ほとんど使わないものは捨てるなり、リサイクルするなりの方法で処分する

ストック収納の三つの原則

1　補充の必要の有無がひと目でわかるように並べる
2　同じ種類をまとめて並べる
3　箱に入れず、ものの姿のまま収納する

良質な収納を整えることは、良質な人生の計画に繋がるものでもあります。収納上手な人は、上質生活の一歩を踏み出している人です。

椅子とファブリックスを見直す

インテリアについて、最初に考えるのは、どんな家具を置くか？　となりますが、なかでも、椅子は、その機能と同時に、オブジェ的な要素の強い魅力的な家具でもあります。昔から文化性の高い生活具として取り扱われてきました。自分のものとしての愛着や所有する満足感をいだくことができるのがその魅力です。

このとき、椅子の上質さだけが目立つことがないようにすること。一般に、魅力のあるものは、存在感もまた強いものですから。空間との一体感があること、つまり、その空間の質を高める役割をもたせ、生活行為が快適なものとなるよう、適切に配置することが重要です。

ワンルームマンションでも工夫して配置することのできる椅子に対し、欧米のリビングルームの上質さをつくるものとして古くから存在した暖炉とピアノは、どこのお宅でも、というわけにはいかないものですが、薪を焚くことのできる暖炉は心身の疲れをとり、楽しさを演出してくれますし、どんなに小さくてもグランドピアノは、リビングを上質なサロンに変えてくれるものです。

インテリアでは、カーペットやカーテンなどのファブリックスもまた、重要な要素となります。ここで留意したいのは、古びても美しさが保てるものであること。色柄のあるファブリックスをインテリアに用いるなら、退色、つまり、風合いや色柄が次第に衰えていくことをあらかじめ配慮します。上質な空間の条件のひとつです。

それでも、ある程度の時期（三〜五年）がきたら取り替えることになりますが、それは、空間を常に上質に保つことであり、変化を与えるチャンスでもあります。

変化の様子をいつもチェックして、植木の土を替えるように手をかけることによって、上質な生活の基盤となる上質な空間がつくられます。

小さな家具こそ一生ものとして購入する

家具は、衣服のように簡単には取り替えがきかないものです。費用の問題だけでなく、大きな廃棄物を生み出すという点でも感心しません。消耗品ではなく、手入れして一生、あるいは世代を越えて使い継ぐものと考えて選ばなければなりません。とすればまず、品質で選びます。多少値段がはっても、納得のいくものを選ぶのが結局のところ、もっとも無駄のない選び方となります。

いまは少ないですが婚礼家具に象徴されるように、収納家具は一生のもちものとして豪華なものが選ばれ、デスクやダイニングテーブルはいずれ買い替えるものとして比較的安易に選ばれるようですが、むしろ逆です。収納家具は、ウォークインクローゼット、パントリーのように部屋になってしまう収納を基本に、空間にビルトインされるものと考えます。したがって、引っ越しの際には、その空間に残されるものと考えるべきなのです。

一方、小さなチェスト、机などは、自分に一生ついてまわると考えたほうがいいでしょう。ダイニングテーブルもそうです。伸長式だけが一生使えると考えがちですが、広い空間に住むことになっても、前に使っていた小さいテーブルは別の場所で使うことも考えられます。一軒の家にダイニングテーブルはひとつだけではないとは、フランス人ならずとも考えたほうがよいでしょう。

ソファも大きなものだけに、廃物にするには問題があります。とすれば、品質で選びます。あまり柔らかすぎず、空間に収まりのいいものを選びます。

家具は小さいものであっても、自分についてくるもの、衣服のように取り替えが頻繁ではないもの、消耗品ではなく手入れして使うものと考えて選ぶことです。

ブラッシングと磨くことが住まいのメンテナンスの基本

贅沢な「もの」というのは、表現を変えれば、手間ひまをかけることが必要な「もの」です。手間ひまをかけて手入れすることによって、いつまでも長く美しく使い続けることができる「もの」です。つまり、手入れをするその時間と技術をもつこと自体が贅沢の証となります。これは、住まいの空間についても同じです。

もし、あなたがハウスクリーニングを負担に思うとしたら、その最良の解決策は、上質な生活空間をもつことです。それにより、掃除という生活行為そのものを、贅沢で上質な時間として楽しむことができます。

掃除、手入れを楽しむには、まず、道具をそろえることです。そして、思いついたら、いつでもすぐに手入れや掃除ができるような場所に収納しておくこと。

掃除道具といっても、掃除機はゴミを吸い込んでくれているだけで、掃除をしているわけではありません。掃除の基本は、磨くこととブラッシングです。

ブラッシングをするのは、ソファ、カーテン、カーペットなど布製のものに対してです。

床、ガラス、家具、鍋、ハンドバッグや銀器などの掃除、手入れは、ひたすら磨くことになります。良質のものであればあるほど、磨きがいがあります。銀器はもちろん、ステンレスも良質のものはピカピカになります。

この「磨くこと」は、住まいのメンテナンスの基本です。水栓金具やガラス類がピカピカに磨かれていると、それだけで空間全体が美しく輝いて見えます。同様に、一般には見落とされがちな小さなエレメントが、空間全体の良質感を左右していることがよくわかります。

たとえば、スイッチやコンセントなどのプレートとドアノブ。これらに良質なものを選ぶと、空間全体の良質感が増します。

また、家具の取っ手、つまみなどは、開閉のために必要な機能とはいえ、ひとつの空間にいろいろな種類のものがあると、案外目障りなものです。家具の色などが多少違うこと以上に、落ち着きを損ないます。

壁やドアの上質さが大切なことはおわかりでしょうが、その付属品としての回縁や巾木、ドアのケーシング（額縁）についてはどうでしょう。これらは、壁やドアを良質なものにする場合、決して見落としてはいけないエレメントです。つまり、豪華なドアにお粗末なケーシングでは、空間全体の美しさが損なわれてしまいます。

一方、シンプルなドアでも、ドアノブとケーシングに配慮があれば、上質感が生まれます。

最初は気乗りがしなくても、磨き始めると楽しくなってくるものです。自分の大切なものをいつも光らせておくと、いっそう大切に思えます。どこか人間にも似ています。磨きがいのないものは、もともと手入れをする必要のない使い捨ての量販品です。

上質なものを手入れし、丁寧に扱うことは、最初は緊張や煩わしさを伴うものですが、それが苦ではなくなったころには、自然に生活行為全般にもよい振る舞い方が身についているのに驚くことでしょう。

ただし、丁寧にものを扱っていても、意識がふとそこから離れたとき、ものは壊れます。掃除を無視したい気持ちは退屈な繰り返しの行為だからです。

けれども、同じことを繰り返すように見えて、実は、毎回異なっています。そして、この「繰り返す」習慣は自分を躾け、洗練し、極める基本中の基本といえるものです。

白の勧め。キッチンも食器もブラウスも

白は汚れやすいと誰もが思います。けれども、汚れやすいのではありません。汚れが目立ちやすいのです。だからこそ、清潔です。白いキッチンは汚れが目立つがゆえにまめにきれいに掃除します。だから清潔。白いブラウスは汚れが目立つからまめに洗濯します。だから清潔。白は、清貧のなかの贅沢の典型です。

白はまた、色彩を美しく映えさせる色でもあります。狭い部屋は白くすれば、明るく広く見えます。白い部屋は、美しい色彩をより効果的に見せます。白い服を通して吸い込まれた光線は、女性の身体に心地よいくつろぎを与えます。

白はまた、その質をあまりにも正直に伝えてしまう色でもあります。黒は誰にでも似合いますが、白の似合わない人もいます。というより、似合っていない場合、黒はただ目立たないだけですが、白の服が似合わない場合、妙に目立ってしまうのです。白は、ノーブルにもカジュアルにもなる色ですが、もっとも悪い目立ち方は、白がノーブルにもカジュアルにも見えず、薄っぺらに貧相に見えてしまう場合です。これは、白が本人の内側を引き出してしまうからです。汚れが目立つのとまったく同じように、その服地の素材感も仕立てもデザイン性も、そして、それを着る人の品格も、すべてが顕わになってしまうのです。

白い磁器の食器の場合も同様です。美しい磁器の白は、それだけでテーブルをノーブルに見せます。そこに「盛りつけ」られた料理の色も形も美しく見せ、引き立てます。テーブルクロス、花、キャンドルなどの彩り次第で、さまざまな変化を見せます。

と同時に、白い磁器では、その形状と材質が見事に表れます。そのシェープ（形状）によって、それを選んだ人のテイストを明確に示し、その材質によって、その人の感性を示します。

洋食器の基本は白い磁器です。柄に目を奪われて、可愛いなどといって選んでいくのでは、無駄な食器の数が増えるばかりで、感性を磨く機会は失われる一方です。

Chapter

3.

上質なものを少しだけもつ装い

自分のふだんの生活に合った上質な定番を見つける

住まいの空間とならんで、衣装は感性を磨く恰好の場となります。常に流行のものを身につけることが感性の証であるわけではありません。それは、感性がなくてもできます。美しく上質な生活を目指す人の装いは、自分に合った上質の定番ものをもっているることです。それも、お出かけ着ではなく、ふだん着に。ふだん着にこそ、生活の上質さが表れます。

お金持ちならラグジュアリーブランドのコレクションものを毎シーズンそろえることも可能でしょうが、たとえお金持ちであっても、流行のものをセンスよく着こなせる人は意外に少ないものです。

流行の衣装を常に身にまとうというのは、流行を追いかけるのではなく流行が自分を追いかけてくる、自分そのものが時代の先端を走っているくらいの自負をもった人のすることです。ファッショナブルなものを中途半端に追いかけるのは利口なことではありません。

感覚の鋭い人は、流行を取り入れるのではなく、そのときの自分を、自分でも意識しないほど自然に、着るもので表現しているのです。


とはいえ、自分に合った上質の定番ものをそろえるというのは、なかなかむずかしいことです。ブランド品で見つける場合は、クラシックコレクション（そのブランドの中での定番もの）を注意深く探してみる方法がありますが、その前に、自分の生活に合ったアイテムをシンプルに限定してしまうのがよいでしょう。自分に似合った着心地のよい良質のものは、心を軽く、快適にさせてくれます。

流行のものを半端に取り入れようとしたり、他人が似合っているものをまねようとするより、自分を美しく見せるものが何かを真剣に考えましょう。

自分に似合う色と形を見つけて、コーディネイトを工夫する

一般に「定番」と呼ばれるものが、あなたの定番となるわけではありません。たとえば、ベージュの丸首のツインニットが誰にでも似合うわけではありません。Vあきのカーディガンのほうが似合う人もいれば、色は黒のほうが似合う人もいます。定番を美しく着こなすには、まず自分に似合う色と形を見つけることがポイントです。

たとえば、紺は比較的誰にでも似合う色とされますが、同じ紺でも色調によってずいぶん違いがあります。濃紺の似合う人が茄子紺だとどうもしっくりこないということもあります。ベージュやグレーもそうですし、水色やピンク、赤やイエローでも同

様です。

自分に似合う色は、その色同士を組み合わせてもうまくまとまります。自分の基本色を紺系、茶系、グリーン系、白系、グレー系、黒系など、一、二色にしておくと、靴やバッグも一色だけですみます。

形についても、セーターやタンクトップなら、襟ぐりの深さと形、袖の形、ブラウスやジャケットは襟の形が決め手です。スーツといえども全ての人にテーラードが似合うとはかぎりません。

ボトムスは微妙なスカート丈、タイトかセミタイトかフレアーかなど、自分にもっとも似合う形をできるだけ早く見つけることです。特に、スカート丈は、自分の体型に合わせて統一します。流行よりも、もっとも自分の脚が美しく見える丈であるほうがずっと幸せな気分になれます。

コーディネイトでは、ジャケット、セーター、スカートの形と丈のバランスが非常に重要になってきますが、それぞれの丈を自分の体型にもっとも似合うものに統一することによって、何種類ものスカートやジャケットをそろえる必要がなくなります。

パンツの場合も同様です。

同じ紺でも微妙な色の違いでしっくりきたりこなかったり、スカートとジャケットの丈の微妙なバランスにこだわったり……実は、そうしたことに気づくこと自体が、感性が磨かれていることの証拠です。

感性の鈍い人は、まったく頓着しないか、似合う似合わないの判断がおそろしく間違っているのでしょう。

いずれにしろ、衣装についても、上質のモノを少しだけもつことのほうが感性を磨くうえでは有利です。少ないアイテムで、季節、ＴＰＯに応じて、さまざまなコーディネイトを考えなければならないからです。

そのとき、微妙なジャケット丈やボトムスの形、丈、インナーの襟ぐりなどの細部がいかに重要かがわかってくるからです。

コートのようなかさばるものも、ボトムスの丈が決まっていれば、いくつももつ必要がなくなりますし、シューズもそうです。

もし、豊富にもってもよいものがあるとすれば、スカーフ、ストール、アクセサリーなどの小物でしょうか？　結局のところ、一シーズンに使うものは限られてきますが、シーズンごとの気分を変えるのには役立ちます。

飽きがこず一生使えるものとしては、パールのネックレスがありますが、これとて、すべての人、すべてのテイストの衣装に似合うわけではありません。

また、似合う場合でも、粒の大きさや長さについても、自分に似合うものを知っておくことが必要です。

自分で手入れできる上質な自然素材の服を選ぶ

上質な生活を送る人の装いでは、素材がとても重要です。肌触りがよく、着ていて着心地がいいことが何よりです。

上等なエジプトコットンやカシミア、イタリアシルクなどは、その染色、柄もさることながら、直接肌に触れたときの風合いがわたしたちの皮膚感覚を刺激し、感性に働きかけます。

いったん良質の素材の心地よさを知ってしまった人なら、どんなに安かろうと流行の品であろうと、粗悪な素材の衣服を長い間身につけていることは、何より感性が許さないはずです。

こうした素材としては、やはり自然素材がいちばんでしょう。上等な自然素材のものは、たいてい手入れもしやすく長持ちするからです。昔ながらの本当のプロのクリーニング屋さんが減ったいま、衣服を大切にする人なら、クリーニングに出すより自分で手入れしたほうがずっと衣服が長持ちすることを知っています。

ですから、スーツなど型崩れが心配なものはいたしかたないとしても、衣服は最初から家で手入れができるかどうかを考えて選びます。

ブラウスなら綿です。洗濯機で洗ってアイロンかけできるからです。よいアイロン、アイロン台を使えば、それほどむずかしいことではありません。

アイロンかけの手間を省きたい人は、ブラウスではなく、ニット系のインナーにします。麻やシルク、ウールも、洗剤と扱いを選べば、家庭で洗えます。

ファッショナブルなブランド品には複雑な混紡繊維のものや特殊な加工を施したものが多いようですが、クリーニングに出しても水洗いに弱いため、あまりきれいにならないだけでなく、一、二シーズンでなんとなく古ぼけた感じになりがちです。

というのも、ファッションはあくまでも生もので、その優れたデザイン性に感動して身につけるものであり、もともと長持ちさせることを目的とはしていないものなのです。

和服をひとつだけそろえるなら、上質の色無地

和服は、いまの時代に必ずしもなくてはならないものではありませんが（実際、いいものを知ろうとすると、その敷居の高さと奥の深さに、たいていの人は尻込みしてしまうでしょう）、近ごろ、あらたまったときだけではなくおしゃれ着としての和服に興味がもたれてきてもいるようです。

もし、訪問着のひとつぐらいはそろえておきたいとお考えなら、上質の色無地をお勧めします。緞子（どんす）か縮緬（ちりめん）を自分に似合う色に染めます。ぼかしもいいでしょう。

上質といっても、和服のお値段や格づけのほとんどの部分は、生地ではなく、友禅

などに代表される柄の染め付けによるところが大きいため、びっくりするような高価な品となることはありません。紋を入れれば、お茶会や結婚式にもふさわしく、帯次第で素晴らしい品格となります。

というわけで、帯が問題となってくるわけですが、これには、古いものがいちばんです。現代の新しい帯や気楽な帯を無地の着物に結ぶと、地味になったりお粗末になったりします。帯は古いもののほうが一般に質が高く、柄も格調があります。身内、知人を問わず、年配の方から、格調のあるものを譲っていただければ何よりですが、あてがなければ、古着屋などで探してみてもいいでしょう。

さほどでもない訪問着を着るよりは、紋を入れた無地に格調高い帯をしたほうがずっと風格が出ます。古い格調高い帯がどうしても手に入らない場合は、できるだけ奮発して新しいものを購入するか、さもなくば、和服を着ることは今のところ、やめにしておいたほうが賢明です。

実は、洋服も同じではありますが、特に和服は、小物が充実することで上質感が増すと言えるでしょう。

ファッションにのめり込まずにファッションを楽しむ方法

感性の鋭い人なら、どうしてもファッションにも敏感になります。どんなに少ない数でコーディネイトを工夫しようと思っても、必要や実用を超えたところで、手にし、身につけたくなってしまいます。

ファッションにのめり込まずにファッションを楽しむにはどうしたらいいのでしょうか。そのひとつは、文化としてのファッションを楽しむという方法です。どんな流行にしても、文化として楽しむなら害はありません。

十年とか二十年間、雑誌などの気に入ったファッションのスナップなどを切り抜きスクラップしてみると、自分がどんな時代に生きていたのか、どんな感性をもっていたのか、何を志向し、何に憧れていたのかが手にとるようにわかります。

これから十年、二十年、自分の興味あるファッションをスクラップしてみたらどうでしょう。ファッション好きの人にとっては素晴らしく楽しく贅沢な時間になると思います。それだけでなく、感性を磨くという点で、おそらく下手な日記よりも自分にとって有益な、美しいアルバムをつくることができるでしょう。


また、機会があったら、ショーに出かけてみることです。ファッションショーも今や絵や音楽と同じくらい優れたライブです。

さらに、西洋の衣装の歴史なども調べてみると、現代のファッションの原点がどこにあるかがわかります。民族衣装にまで興味のもてる人は、日本の着物、平安時代の重ね色目の素晴らしさや江戸小紋などを調べてみると、紋様の数の多さに驚くことでしょう。柄（パターン）の種類は世界一多いのです。日本文化に誇りがもてます。

Chapter

4.

美しく
リサイクルする

倹約のためではなく、美しい生活のためにリサイクルする

上質なものを少しだけもつ生活とはまた、エコロジカルな生活のことでもあります。特に倹約を必要としなくても、エコロジカルな生活感覚を衣食住にわたって心がけると、自然に費用の無駄も、ものの無駄もなくなり、生活の質を高めていくことができます。

何であれ、素材のよい納得のいくものを探すことです。素材のよいものは、よく手入れすることで長く使うことができますから、最初は少々値段がはっても、結局はお安い買いものということになります。

そして、何より捨てることが少なくてすみます。かつて「使い捨て」という行為が豊かさの象徴のように錯覚されていたこともありましたが、現在、知性のある人なら、捨てるという行為、つまり環境に対して自分が廃棄物を生み出すという行為に、少なからず罪悪感を感じるはずです。

素材のよいものは長く使えるだけでなく、その役目が終わったら形を変えて別のものに再生できます。

ここで、わたくしが実践している「リサイクル」のいくつかをご紹介しましょう。

プレゼントとして結ばれてきたリボン

リボン屋さんに売っているような高価で美しいリボンなら、たいていの人が捨てるのはもったいなくて、つい保存しておこうとするでしょう。もちろん、そうしてください。アイロンをかけて小箱に整理し、髪飾りや手芸材料、自分がプレゼントするときのリボンに使います。

一般的なデパートの包装についてくるリボンや、美しいけれど前述のような使い方はもうできそうもないリボンは書類整理に使います。デスクの引き出しに入れておいて、手紙や伝票、封筒、書類を束ねるのです（欧米の映画で時折目にする光景です）。輪ゴムで束ねるより一秒ぐらい余分に時間がかかりますが、いうまでもなく、その時間は無駄ではありません。雑然とした机の上や引き出しの中の書類も、リボンで結ばれているだけで、見苦しくなく、豊かな気持ちになれます。

お菓子や果物の入っていた箱やかご

美しくシンプルな菓子箱やかごをとっておき、小物入れや棚のトレイ代わりに使っている人は少なくないと思いますが、一歩進んで、和紙やハギレでくるんだり、ペインティングすることによって、部屋にいっそうマッチするものにできます。かごの場合は、スプレーペイントがいいでしょう。

広口瓶

広口瓶は、中身を食べてしまったあと、ラベルをはがし自家製食品の容器や小物入れに使います。大きさや形のそろったものを何タイプか残すと便利です。

古くなったタオル

パンヤ代わりにクッションの中身として使えます。柔らかく、洗濯もできて、ひと味違ったクッションができます。

粗品のタオル

粗品やお年賀などでいただいてしまう白い薄地のタオルは、最近は大きな名入りのものは少なくなったとはいえ、やはりあまりありがたくない代物でしょう。けれども、半分の正方形のサイズにして、ハギレやバイヤステープで縁取りすれば、トイレや洗面所のゲストタオルになります。端ミシンだけでウォッシュタオルとしてもいいでしょう。

もしあなたに刺繍の腕前があるか刺繍機能つきの電子ミシンがあれば、イニシャルや花柄をいれてもいいでしょう。

もちろん、そんなことをする時間があったら、不要な粗品タオルなんか捨てておしゃれなタオルを買ったほうがいいとお考えになる人もいるでしょう。洗面所やトイレにはタオルを一本かけたままで使っている人もいるでしょう。これらが、上質生活か、ただのお金持ちの生活か、節約生活かを分けるポイントです。

使い道に困ってしまうようなものや古いものの、新しい使い方や加工法を考えることを廃物利用といいますが、このように何らかの制約条件のもとに工夫を考えるところから、いろいろなアイディアが生まれ、クリエイティブな感覚が養われます。そして、その過程そのものが生活を上質なものとする人生の楽しみのひとつとなります。

手づくりプレゼントは、センスに自信のある人限定

上質生活はシンプルな生活でもありますが、プレゼントや贈答を儀礼的なものとして排除していこうという姿勢とはまったく異なります。プレゼントの交換は、日常的に人を贅沢な気持ちにさせてくれます。

それだけでなく、わたくしたちが好むと好まざるとにかかわらず、人と関わり合い協力し合って生きている以上、結果として、生活から無駄を省いてくれることになります。

ちょっとしたお礼を欠いたばかりに何となく気まずくなってしまった関係を修復するのにかかる精神的物質的時間的ロス、もしうまくいっていれば得られたかもしれな

い情報や協力、精神的救いを失うことによる損失といったことを考えれば、日常の小さなプレゼントの交換が結局のところ、わたくしたちの生活をシンプルなものにしてくれているのがわかるでしょう。

この場合のプレゼントは、必ずしも高価なものである必要はありません。かといって、真心がこもっていればいいというものでもありません。

要は、センスの問題です。そのセンスがどこからくるかといえば、毎日の生活行為のなかからです。自分自身の生活を意識して美しくしようとしているなかで自然に養われます。

センスに自信のある人には手づくりのプレゼントをお勧めします。手間はかかりますが、費用があまりかからないだけでなく、つくっている間、自分自身の喜びを得ることができます。

自分で育てた植物

土いじり、ガーデニングをする人なら、最初購入した小さな鉢からたくさん繁殖させることができるでしょう。それを小鉢に植え、株分けしてプレゼントにします。いろいろな植物をひとつの鉢に植え込んで、観賞用に見栄えのいいものをつくれば、さらに喜ばれます。

贈るとき、鉢はよいものにします。もし植物が枯れたあと残された鉢がお粗末だと妙にさびしいものです。

手づくりのリース

お花に心得のある人なら、その腕を生かしたアレンジメントやリースも喜ばれます。リースは、クリスマスリースだけとは限りません。日頃からアレンジに効果的なリボンやハギレなどを集めておきます。

押し花でつくるはがき・しおりなど

借りた本をお返しするときなどにそっと添えます。自分で全部つくってしまわないで、材料でプレゼントするのも喜ばれるでしょう。

手づくりのお菓子

いまは、ちょっと気のきいた店のお菓子はみんなそれなりにおいしくなっていて、印象に残らなくなりました。焼き菓子なら、つくるのも持ち運びにも便利。来客の折りに自家製をお出しし、もし気に入っていただけたら帰りにお土産に差し上げます。

なお、パーティの手土産にもっていくのは、相手と打ち合わせができている場合だけです。先方も手づくりのお菓子を用意していることがありますから。

手芸品

手芸品（ニードルワーク）のプレゼントは、原則的には、相手の趣味がよくわかっている場合、お宅に伺ったことがあってインテリアやライフスタイルが把握できている場合に限られます。確実に喜んでもらえるのは、あなたがもっているものを見て、同じものをつくってほしいと言われた場合です。ただし、ただのお世辞の場合もあるので注意が必要です。

一般的には、前に述べたゲストタオルなど、シンプルで消耗品としていくつでも必要なものがいいでしょう。ランチョンマット、レース編みの縁取りとイニシャルをほどこしたナフキンなど、手づくりというよりパーソナルオーダー品という感覚が大事です。手刺繍などでヒイラギや雛人形など、特定の季節限定のあしらいをしたものなども喜ばれるでしょう。

よく街の手芸屋さんや生地屋さんで見本になっているような、ありきたりのプリントでつくられた袋ものなどの類は、はっきりいって喜ばれることは滅多にありません。

また、プレゼントにあてる費用を節約するための手づくりの品は、それがどんなに手の込んだものであったとしても、というより手の込んだものであればあるほど敬遠されるのはいうまでもありません。

ラッピング用品もプレゼントの一部。ラッピング名人になる

ラッピングに自信がもてるようにすると、気軽に体裁よく手づくりのものやリサイクル品を親しい人に譲ることができるようになります。市販のものでも、文房具や本などお店の包装ではいまひとつ風情に欠ける場合も同様です。

まず、日頃から美しいリボンや紐、包装紙をコレクションしておくこと。ハギレやセロファン、薄紙、カラーの段ボール、場合によっては洋雑誌なども、包装紙として使うことができます。

デパートのように上手に包むことができるようになるのに、さほど時間はかかりま

せん。箱と紙の大きさをよくチェックして、失敗できない紙を使わないことです。きっちりたたむのがコツです。

きれいな箱や本なら包まずにリボンだけをかけてもいい。要はセンス次第です。ドライのコサージュをつくっておき、リボンに添えてもいいでしょう。

ただし、やりすぎは禁物です。あまりに奇をてらったラッピングやテクニックを駆使したようなラッピングよりは、さりげないちょっとした心配りを感じさせる程度のものが好感をもたれます。

リボンや紐は、簡単にほどけないようにしっかり結ぶこと。特にリボンは、ピンと張りのある、動きを感じさせる結び方がよいでしょう。リボンをしっかり結ぶのは渡す相手と心を結ぶことなのです。

なお、リボンは、前々項でも少し触れたように、ラッピングだけでなく、生活のいろいろな場面にあしらうことができるアイテムです。プレゼントの一部として、贈られた相手が保存しておきたくなるような良質の美しいリボンを使うことが基本です。

ただし、あまりに高価なものを使うと、中身とのバランスが問題になります。

家電、台所用品、食器類……使い捨て商品を最初から買わない

家電品も原則的には、修理不能になるまで修理しながら使います。これから購入するものは基準は六年ですが、十年以上は使えます。リサイクルや焼却などがむずかしい廃棄物を出さないためでもあります。ただし、何十年も使っているもので大きな電力を使うものは、省エネタイプのものに替えるべきでしょう。家計にゆとりのある人も、地球規模のエネルギーの節約のために、そうすべきです。

家電品に限らず、使い捨て商品の購入には神経質になっていただきたいものです。常に、廃物にならないかどうかを考えてから求める習慣が必要です。

たとえば、雑貨や台所用品。そのうち納得いくものが見つかるまでなどと言いながら、百円ショップで買ったものが十年以上もってしまったりします。はじめから十年から二十年使うことを前提に、良質なものを少なくもつようにすることです。

カラフルなプラスチックのものはやめること。耐久性のある道具の色はひとつに決めるのがポイントです。白に限定しておくほうが使うとき気持ちが落ち着きます。テーブルウェアは思いつきで買わないこと。景品・ノベルティなどで宣伝のネーム入りのものを使わないのはいうまでもありません。美しい洋食器、特にティーカップやデザート皿などは、セールなどがあるとつい買ってしまいがちですが、結局、他の食器とコーディネイトできなかったり、飽きがきてしまったりします。一生、場合によっては次の世代に残すつもりで、計画を立て、よいものを買い足していきます。

くどいようですが、原則的には白です。上等な白の磁器を基本にそろえます。ナフキンやテーブルクロス、アクセントに加える小物などによって多様なテーブルセッティングが楽しめるからです。その場合もあまり数をもつ必要はありません。少ない種類で多様に使います。

料理は知性と感性で。「知食」の勧め

ファミリーレストランやコンビニのお弁当のようなものが家庭のなかにすっかり浸透してきた現代、素材を生かした手料理を毎日つくって食べることができることが、最高の贅沢となりました。

外食を避け、手料理を楽しむなどということは、優雅な主婦やお嬢さまだからできることという声が聞こえてきそうです。しかし、手を抜かずに料理の時間を短縮することはできます。そのための工夫をするのが上質な生活です。わたしはこれを「知食」と呼んでいます。何より知性と感性で行う食づくりだから、「知食」です。

ふだんの食事の料理は、いつも一からメニューをつくり始めるのではなく、あらかじめ準備してあったものを組み合わせるだけにしておくのがポイントです。時間のあるとき、料理を楽しみたいとき、あるいはスケジュールしておいた日に、いろいろな保存食をつくっておくのです。

リクリエーションとして料理を楽しみたいときに新しいレシピを試し、レパートリーを増やしていきます。そうして、パーティを開いた折りには、そのレパートリーの中から季節やメンバーに合わせてメニューを構成するのです。

知食の基本1　材料をつくりおき保存しておく

手を抜くことなく料理の時間を短縮するためには、買いもののあと、すぐに使えるように下ごしらえをしてしまいます。

まず、野菜。傷みやすいもの、たとえばブロッコリー、カリフラワー、ホウレンソウなどは、茹でておきます。タマネギのスライス（十五分は切ったまま置いておいてください）、シメジ、キャベツなどを酢漬にしておくと、サラダにすぐ使えます。

生シイタケは、買ってすぐ陽にあて、スライスして冷凍しておけばいつでも解凍の手間いらずで使えます。冬の乾燥した空気のころに、ニンジンやショウガの細切りを完全に乾燥させておくと、ニンジン茶として美味しく飲めます。

また、タマネギやセロリをみじん切りにして冷凍しておくと、使いたいときの時間短縮になります。ソフリットやブイヨン（エノキのブイヨンが便利）も冷凍します。

そのほか、お肉の味噌加工、お魚の粕漬けなどをたくさんつくりおきして、ひとつずつラップで包んで冷凍しておくと、忙しいときもすぐに食べられます。挽き肉は、薄く伸ばして小分けして冷凍すれば、解凍せずに使えます。

だしも、化学調味料を使わず、鰹だしも昆布だしも自分でつくり保存しておきます。大急ぎで乾燥麺の日本そばをゆでたとしても、自家製のだしのおかげでそこそこおいしくいただけます。

知食の基本2　かす・ゴミを出さずに材料をすべて使う

ひとつの食材を余すことなく使う工夫をします。野菜の皮も栄養価の豊かな部分は乾燥させて粉末にし、調味料のように使ったりすることができます。

昆布やカツオ節は、お出汁をとったあと、ショウガや、山椒、松の実、胡麻などを加えてふりかけをつくるのも、美味しい。冷や奴の薬味、お浸しのうえにかけていただきます。

知食の基本3　冷蔵庫の中身を管理する

食材や下ごしらえしたもののうち、いま、何があって何がないかがすぐわかるようにしておくことが重要です。冷蔵庫内の欠品と、すぐにできるもののいくつかをメニューにして冷蔵庫の扉にマグネットでつけておくと便利です。

最後に、生ゴミの処理についても、書いておきましょう。

家に庭があるなら、ぜひ生ゴミを土に返す処理をしてください。ポリバケツに入れて処理剤で加工します。その際、発生する微生物の液状の副産物は、下水管に流して管の汚れを取るのに使います。庭のない場合でも、処理剤で加工した状態でゴミとして出すほうが焼却が容易になります。

料理は、わたくしたちが生きていくうえで決して欠くことのできない生活行為です。女性とか男性とか、うまいとかへたとかはいいわけにすぎません。もちろん、忙しいなどというのも何の理由にもなりません。知性と感性で良質な食生活をつくりあげてください。

Chapter

5.

生活を上質にする
文化と芸術

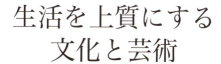

暮らしのなかで文化を楽しむという贅沢

上質な生活とは何かをひとことで言えば、それは、多くの時間を文化的なことに使う生活のことです。言い替えれば、感性を磨く生活です。高い感性があれば、美しく贅沢に生きられます。つまり、感性を磨くことが、美しく生きることの基本となります。

文化的生活というと、経済的な豊かさが必要だと思われるかもしれませんが、必要なのは、心の豊かさです。確かに、お金をかけようと思えばいくらでもかけられますが、かけなくても十分にその恩恵に浴することができます。

感性を磨く方法は、とにかく美しいものをたくさん見ること、美しい生き方をまねることです。

世界の名画やオペラだけが美しいものではありません。小さな虫や小さな植物の中に一途な美しさを見るのです。河原で拾う石ころひとつも、自分の好きな形のものでなければなりません。自然の形はすべて美しい要素をもっているのですから、落ち葉や枯れ枝であれ、目にとまったら、どのようにそれを自分の身近に置くかを考えます。

わたくしたちは人を見て、気品があるとかないとか、ごく自然に感じとります。何となく育ちのよさそうな人だとか、教養のありそうな人だとか判断します。特に、年配になると、いっそうその差は顕著になります。もし、そうした品格を身につけたいと思うのなら、いまこの瞬間から、日常のあらゆる行為を、感性を磨く場としていくことです。

最初から感性の優れた両親のもとで「文化的な」家庭に生まれ育った人は、この点、有利です。それがいわゆる「育ちのよさ」といわれるものです。けれども、いままでの育ちがどのようなものであったにせよ、変えていくことができます。明日すぐに違いが表れるとは思えませんが、十年後には確実に変わります。顔つきすらも変えられます。

育ちとは、自分で自分を育てることです。何のためにといえば、自分にチャンスを与えるために、目的を遂行するために、そして、世の中の役に立つために。

知性と感性を育てる写生と読書の勧め

いかにも高貴な感じのご婦人やロマンスグレーの紳士にはスケッチ姿が似合います。スケッチは、その行為が優雅なだけでなく、感性を磨くうえで何よりも大切な観察（それもたいていの場合は自然の観察）を伴うという点で、絶対にお勧めの「文化的生活」です（もちろん、費用もほとんどかかりません）。

春は芽吹き始めた草を、庭の梅の枝を、冬は落葉樹の力強い立ち木を、あるいは河原の石ころ、空を流れる雲、テーブルの切り花、建物……何でも描きます。人物のクロッキー（ひと筆でさっと描く手法）に挑戦してみるのもよいでしょう。技法にこだわらないで自分なりに描きます。

上手に描くことより、観察することのほうが大事なのですから。

徹夜してでも一冊の小説を読む、入浴しながら軽いエッセイを読む、机に向かって辞書を引きながら面倒な専門書を読む、休みの日に料理の本を読む、休日の昼下がり、庭で詩を朗読する（朗読は健康にもよさそうな気がします）……読書は、もっとも身近な文化的活動です。

最近はすっかり本、特に文芸書の人気がなくなったようですが、だからこそ、静かに本を楽しむことは限られた優れた感性の持ち主だけに許された贅沢な行為となるのでしょう。

本を収集するのが趣味という人は別として、自分の専門分野の本や自分にとって必要な生活のハウツー書（本書のような！）は、読んだあと、人に貸したりあげてしまうのではなく、何度も読むために身近に置きます。

自分が読んでよかったと思う本は、ほかの人に新たに買ってプレゼントします。

絶版になった本や古い本は、図書館に通ってでも読む習慣をつけると、書籍の大切さ、知識を得ることのおもしろさが体感できます。

美術館やコンサートに気軽に足を運ぶ生活

美術館や博物館には、たいていその施設が運営する友の会のような会員制度があって、わずかな会費を払うだけで、展覧会の案内、入場券の割引、講演会の情報などが入手できます。常設展ならフリーパスとなっているところがほとんどです。足繁く通っているうちに、学芸員の人と知り合いになれるかもしれません。

とはいえ、ある美術や時代に魅せられたからといって、あまりテーマを掘り下げていくと、暗い物知りになりそうです。詳しくなることより、優れたアート、歴史的文化遺産のなかに身を置いて、自分の中にある遺伝子を呼び覚ますことに価値があります。たくさんの美しいもののなかに、一瞬であっても身を置き呼吸することによって、本来誰もがもつ素直なよい感性を取り戻すことができるのです。

音楽もまたわたくしたちの感性に働きかけます。日常はオーディオで聴くほうが落ち着くと思っている人も、できるだけ気軽にコンサートに行ってライブな音楽空間に身を置きましょう。

美術館の場合と同様、好みの音楽を中心に、そのクラブを探します。コンサート会場内のチラシやコンサートのパンフレットに、入会の案内があると思います。二回のチケットで三回目が無料になったり、コンサートのあとの会員向けパーティで演奏者と話すチャンスがある場合もあります。

この場合、有名なアーティストの、高額で、チケットの予約にもエネルギーのいるコンサートだけにこだわると、無駄な行為となります。それより、たくさんのコンサートにまめに行くことです。そして、コンサート会場では、中間の休憩に、ホールで他の人といろいろと話してみましょう。それが地味なものであればあるほど、たとえ知らない人であったとしても、連帯感や親密感が湧いてくるから不思議です。

観劇でワンランク上の上質な生活を

オペラ、バレエ、ミュージカル、新劇、歌舞伎、能楽など、音楽だけでなく、物語、演技、舞台装置による総合的な美を楽しめるものは、多くの喜びを与えてくれます。このようなもので心がわくわくしたり、刺激を受けることは、身体にもよい効果をもたらします。

これらをより楽しむには、まず装いを気づかうこと。非日常的な空間と時間に自分を一体化させるには、装いにも、非日常的な、ほどよく心地よい緊張が必要です。最近は、以前と比べれば、仕事の帰りに駆けつけたという服装ではなく、会場や演目を意識した装いの方が増えてきているのは素敵なことです。気持ちの余裕と楽しみ方の豊かさが加わってきたのでしょう。

次に、「予習」です。古典的な演目は、ストーリーは同じでも舞台の演目がモダンにアレンジされていたり、セリフに今日的なものが加えられていたりもします。前もって、ストーリーや配役、見どころなどを学習しておくのも一案です。そんな面倒はいやだと思う人は、ひたすら舞台と一体になるよう、気持ちをとけ込ませるのがよいでしょう。また、物語、配役、演技に注目するだけでなく、舞台装置の工夫、舞台全体の空気の動きなどに感覚を働かせることも必要です。

能楽はむずかしいと思われがちですが、寝不足の場合は別として、その舞台の素晴らしさから受ける感動が、初心者をも眠らせてはくれません。それでももっと集中したい場合は、ストーリーを知り、謡の内容を理解したうえで、舞いに集中して観ることです。万一、眠りに入ってしまったとしても、日本人のもつＤＮＡが眠りのうちにも舞台を感じていますから、これもひとつの鑑賞方法かもしれません。

ニードルワークで昔の貴婦人の気分を楽しむ

ニードルワークとは、縫うこと、編むこと、刺繍やパッチワークなど、針、糸を使ってつくり出す家庭での裁縫全般のことをいいます。実用を伴うという点で、これまであげてきた「文化的活動」とは若干趣を異にしますが、昔からピアノやお琴と同様、貴族のご婦人方のたしなみのひとつでした。

そして、その「実用性」以上に、その「創作性」にこそ、いま、わたくしたちがニードルワークをたしなむ価値があると思われます。

布は女性の友です。布を手で触り、その風合いなどを見極める力が女性には生まれつき備わっています。女性と布は、相性がいいのです。布を触っているうちに、これで何をつくろうかと創作意欲が湧き立ってきます。いろいろな工夫のアイディアが生まれてくるものです。

何も感じない人は、とりあえずお手本を見ながら、バザーに出すものでもつくってみましょう。創作性に自信のない人は技術を高めることから入り、丁寧な繰り返しがつくる人のオリジナルになります。手に技術をもつということは、どんな時代でも人間がなくしてはいけないものだと思います。

どんなに小さなものであれ、ものをつくるという行為には、精神的な浄化作用があります。それは、高価なブランド品で身を固めることでは決して埋めることのできない心の隙間を埋める、贅沢で豊かな時間をもたらしてくれることでしょう。

美しさと丁寧さと。ガーデニングは貴族のたしなみ

いま流行っているガーデニングもまた、かつては高貴な家庭の婦人にだけ許される贅沢な行為でした（その場合は、たいていバラでしたが）。庭のある人で、まだガーデニングに手をつけていない人は、まず、野草や野に咲く花を育ててみてはいかがでしょうか。

野草であっても、育て方、刈り込み方、組み合わせ方によっては、高価なバラ園に勝るとも劣らぬ美しさを発揮するものです。自分の好みの色の花だけにまとめるとよいでしょう。最近は白やブルー系の花が人気です。

庭づくりは、楽しい反面むずかしいものです。植物とつきあうことは、天候、気候など、いろいろな自然の動きとつきあうことだからです。

とはいえ、庭があって、毎日手入れをすることができる人の特権でもありません。毎日面倒をみることのできる人、たまにしか手をかけてやれない人、広い庭があって庭師も雇える人、バルコニーしかない人、日当たり、風の通り、土の量……人によって条件は異なり、その条件に応じて、それぞれのつきあい方があります。

樹木も含め本来植物は、その地域に昔から自生していたものであれば、三年間、こまめに育て、あとは自由に育つのを見守っていくだけでよい。自然によい庭になるものです。

けれども、共に生活する者という思いで、声をかけてこそ、植物もまた生き生きと育つということを忘れたくはありません。満足に近づく良い庭にするには最低十年かかります。

いずれにしろ、人に教わって始める場合もお教室に通う場合も、人とまったく同じようにできるわけではないこと、自分の性格と条件に合ったものしかできないことは知っておいてください。自分がどの程度まめな性格なのか、植物とともに過ごす時間をどのくらいとれるのか、はじめから自分を高く評価しすぎないことです。

鉢植えなどは、最低限、水は定期的にしっかりやること（ただし、土が固くなったまま水だけやるのはやめてください。この場合は土を替えます）。ペットも植物も規則正しくしてやるのがいちばんです。

この程度の世話も自信のない少々ものぐさな人には、多肉植物（サボテンなどのサキュレント）がいいでしょう。月に一回程度の水やりですみます。

都会の中で自然とコンタクトをもつ方法

引退後の田舎暮らしというのは相変わらず、一部の都会人の理想のようですが、本当にそうなのでしょうか。自然がいつもわたくしたちに優しく、のんびりさせてくれるわけではありません。自然と立ち向かう生活には、不便さと体力で対応すべきことがたくさんあります。決して安易なことではありません。

最近は自然の中で子供を育てるために若い家族が本気で覚悟の上、地方へ移住している例も見られますが、本当は自然のなかでの生活になじめるはずのない人が、漠然とした憧れから「カントリーライフ」を始めてしまったとしたら、不幸なことです。せいぜい週末だけのセカンドライフ生活から始めるべきだったということになります。

自然は、ある面、わたくしたちを癒してはくれますが、逃避の場所とはなってくれません。

自然のなかでの生活を絶賛する前に、自分が大きな自然を相手にするのか、都会の小さな自然を相手にするのかを選ぶ必要があります。自然のなかに身を置いたからといって、自然と接点をもてているとは限りませんし、逆に、田舎に行かなくても、自然を愛でる方法はあるのです。

自然と一体化し、それを楽しむには、目、耳、手、足、皮膚……身体のあらゆる部分と自然を一体化させます。最初は、香りや皮膚感覚だけに集中していくのもよいでしょう。

・木々の枝、葉の形を観察する。
・風の温度を感じる。
・雲の流れを見る。

・雨の音を聴く。
・樹から風の音を聴く。
・葉のにおいを嗅ぐ。
・大地に裸足で立ってそのぬくもりを感じる。
・川のせせらぎや海の波音からリズムを感じる。

それらのなかに無心でとけ込んでいくときの緩やかな時間を楽しむことができたら、それは、高級別荘地に別荘を構える以上に贅沢なことだと思います。

生活文化の華。ホームパーティの勧め

ホームパーティも、少しずつではありますが、親しまれるようになってきました。人を招いて、楽しいひとときを共に過ごすことには、たくさんの意味合いがあります。

まず、豊かなヒューマンネットワークをつくることを望むなら、パーティは、親密で幅広い人間関係をつくるよいチャンスとなります。

次に、日ごろのお料理の腕前を家族以外の人たちにお披露目する機会となります。インテリアの飾り付けからテーブルコーディネイトまで、美のセンスをステップアップするステージとなります。

本来、ホームパーティは、招いた人を喜ばせる無償の行為です。パーティのすべてを自分でつくり上げることには、なかなかにたいへんさを伴います。お褒めの言葉や仕事上の利益を生むことをあてにするのではなく、困難な手間のかかる作業を成し遂げて、招いた人が心から楽しめる場と時間をつくることができたら、それは人として最高に気高い行為といえるものです。

料理は得意ではないからと、親しい仲間にもち寄ってもらって自分で一〜二品をつくる方法や、ケータリングやプロの料理人に来てもらってすべて任せるという方法もあります。高価なお料理に、招かれた人は大喜びするかもしれませんが、自分で料理をつくらないパーティというのは、存外、印象が希薄で、招いた側の真心やぬくもりが伝わりにくく、ドラマのないパーティとなりがちです。

なぜホームパーティが生活文化の華かといえば、それは日常生活に美意識をもち生活文化を高めることが自分の役目と考える人の、発表の場になるからです。料理も飾り付けもすべて、日頃の積み重ねがあればこそ、美しくつくることができるのです。

美しさで人を喜ばせようと、ひたむきに真心を込めてつくり上げたものは、招かれた人の気持ちを豊かに癒します。招かれた人は、その真心を汲んで振る舞えば、質の高いマナーとなるはずです。

Chapter

6.

日々の時間を上質なものにする

限られた時間を、自分を「つくる」ことに費やす

ものやお金、時間の無駄をなくすための方法を学ぶ前にもっと重要なことがあります。それは、そもそもの無駄の源を知ることです。源とはほかでもない、自分自身です。あなた自身のあり方です。

自分を知らないがゆえの「自分探し」にかかる時間、費用、エネルギー（気力）、そして他人への迷惑（つまり、他人があなたに対して費やす時間、費用、エネルギー）には、計り知れないものがあります。

ところがそうまでしても、自分が見つかるとは限りません。では、自分を「つくる」ことならどうでしょう。一生かけても自分は探せないかもしれませんが、「自分

をつくる」と考えれば、具体的な時間や費用の節約法を使いこなすことができます。

つまり、自分をつくるために必要なことには贅沢に時間やお金やエネルギーをかけ、そうでないことはできるだけ簡略化していくのです。


やみくもな節約や合理化は、お金にあかせた浪費と同様、人生を豊かにはしてくれません。休養、くつろぎ、創造力を豊かにしてくれる遊び、何もしない時間……それらは、決して無駄ではありません。

わたくしたちが過ごす毎日毎日、一瞬一瞬の連なり、それが人生を形づくります。自分に与えられた時間が有限なものであることに、そろそろ気づかねばなりません。お金の無駄づかいなら、あとで稼いで取り戻すこともできますが、無駄に使われた時間を取り戻すことは誰にもできません。

上質な人生を生きるということは、わたくしたちに与えられた時間を、無駄なく、上質な生活行為にあてること、磨かれた感性とともに美しく過ごす時間に変えることです。

時間の感覚を身体で覚える

他人との約束の時間や自分が予定した時間を守れないことによって生じる無駄な時間がどれだけあるか考えてみたことがありますか。高度な時間管理のテクニックを云々する前に、まず、約束の時間を守ること、これが時間の無駄を防ぐうえではいちばん重要です。

時間を守る方法の基本は、時間の感覚を身体で覚えること。つまり、五分、十分という時間の感覚をしっかりと身につけることです。

このための方法としては、五分とは何ができる時間か、十分とは何ができる時間か、十五分とは、といった具合に、そこでできる自分の行為をできるだけたくさん認識しておきます。行為と時間を結びつけ、身体で覚えるのです。

たとえば、あなたは、自分がコーヒーを沸かして飲むまでに何分かけているか、正確に知っていますか？

トイレに立ってから戻るまでには？
アクセサリーを選ぶのには？
お礼状を一枚書くには？
食器を洗うのには？
必要な書類を探し出すには？
出かける準備が整うまでには？

まず、ストップウォッチを用意してください。そして、ふだん何気なくしている行為を時間で認識してみてください。その結果は、意外なものでしたでしょうか？

時間の感覚を身体で覚えるということは、自分がやっていることに意識的である、ということでもあります。

日常生活でも社会生活（主に仕事）でも迅速さが要求されますが、その迅速さの決め手は、実は、丁寧に正確に行うことです。ここで、心がどこか別の場所にある、つまり別のことにとらわれていると、あわてるばかりで正確にはできません。

つまり、迅速さとは換言すれば、集中力のことです。

まずは、自分が続けて集中できる時間を十五分とか二十分などと決めて、その時間、今行っていることに集中します。短い場合は五分でもよいでしょう。その時間が過ぎたら、別なことに切り替えるか、続ける必要のあるときは、深呼吸をしたり、肩の力をすとんと抜いて再び始めます。

短い集中を繰り返し、連続して心身のリズムが楽しく時間を追いかけていくようになると、疲れることも少なくなります。

無駄な時間を無駄に終わらせない方法

いくらあなたが約束の時間を守り、時間の無駄を防ごうとしていても、相手があなたの時間を奪いにくることもあります。というより、生きていれば、いろいろなトラブルに巻き込まれるのがふつうです。不注意な人、気配りのない人、ぼうっとした人と遭遇してしまい、多くの時間とエネルギーが浪費されることはしばしばです。

人生は長いようですが、そういう人と関わり合って無駄な時間を過ごすほど長くはありません。できるだけ近づかないのが無難ですが、それが不可能だとしたら、まず、そういう人をサポートすること、次に、そこで生じた事態からも何かを学ぼうとすることです。

無駄だと思ったことのなかにも、見方を変えればおもしろい何かが見つけられるかもしれませんし、別なときに役に立つ情報が潜んでいるかもしれません。そのようにして、無駄な時間をも有意義なものに変えていくのです。

たとえば、相手が時間を守ってくれず、無駄な待ち時間が発生してしまう場合。そのことを責めて、不満を蓄積させるより、あらかじめその可能性も想定し、そのあいた時間を価値ある時間にしてしまうほうがずっと建設的です。

スマートフォンや本を読んでいてもいいのですが、わたくしは考えごとをする時間にあてています。以前は、このとき浮かんだアイデアを書き留めるために小さな手帳を常にもって出ましたが、いまは、スマートフォンにメモしておくこともあります。日ごろ、ひとりでとりとめもない考えごとをしたり、まだ形になっていない漠然としたアイディアを言語化する時間は、もてそうでもてないものです。素晴らしいアイディアが生まれたら、待たせた人に感謝します。

周囲の様子を観察するのもよいでしょう。若い人から年輩の人まで、いろいろな世代、階層の人々の服装、目に飛び込んでくる広告、もれ聞こえてくる音楽やちょっとした会話から、景気や流行など時代の空気を肌で感じます。自分なりのテーマをもっている人なら、思わぬ情報がキャッチできるかもしれません。

さらに、相手に何かが起きたとしたらどんな状況があるのか考えてみる想像力トレーニングの場とすることもできます。想像力を最悪の事態までたどりつかせた頃、相手が現れれば、相手を非難する代わりに、何事もなくよかったと明るい気分で迎えることができるでしょう。

想像力トレーニングは思いやりのトレーニングです。

上質な時間をつくる。上質な自分をつくる

わたくしたちの生活では、毎日、望むと望まないとにかかわらず、たくさんの情報が入ってきます。時間に追いかけられていると感じながら逆らうことができないのは、取り残されては日常生活が成り立たなくなるほどに、いろいろな変化が生活そのものに入り込んでいるからです。

時代の進歩を望み、自分たちの生活の豊かさを望むことは決して悪いことではないというわたしたちの気持ちが、時間の過ぎ去る速さをより加速しているのかもしれません。上質生活にふさわしい時間の流れを、自分で意識してコントロールしていく必要があります。

時間がないという嘆きをよく聞きますが、誰もが二十四時間、平等に時間をもっています。そして、それを使う主役は常に自分自身です。誰と共有するか、どのように共有するか、何をするか、それを決めているのは、ほかならぬ自分自身です。

ところがそのなかには好まないことでありながら受け入れるしかないこと（一般には仕事や日常生活のわずらわしい雑事）がたくさんあるので、それが、自分の好きに使える時間がないという嘆きになります。

つまり、実際に時間があるかないかではなく、いやだとか煩わしいなどと思いながら取り組むか、何であれやると決めた以上は自分で選んでやっていることであると思って積極的に取り組むかによって、同じことをしていても、時間がないと嘆き続ける人と、毎日充実感をもって過ごす人に分かれているだけのことです。

まずは、二十四時間すべてが自分の時間だと、はっきりと認識してください。そのうえで、しなくてはならない面倒に思えることを、当然のこととして受け止めます。

何が降りかかろうと受け止める、という意気込みも必要です。そして、よい策、楽しくなる方法、簡単にすませる方法を考えます。面倒なこと、いやなことも、それらを考えることによって脳の活性化に役立つのであれば、上質な時間となります。

自分の意志で始めたことのはずなのに、いつのまにか義務感だけで行っていたり、否定的な感情をもってしまっていることはよくあります。風邪のように、時として誰もが陥る症状です。重症になる前に気分を切り替える工夫をしましょう。

そして、切り替えることができたら、どのようにして乗り切ったかをしっかりと記憶して、次に否定的な感情がやってきたときに応用します。

義務感や否定的な思いは失敗の素だと確信して、たとえ楽しくなくても、楽しいという気分を自分でどこからか導き出せるようになれば、上質な時間を自分でつくり出していることになります。

すなわち、上質な時間というのは、待つものでなくて、「つくる」ものです。楽しい一日を夢見ても、向こうからやってくるものではありません。それは、日常の些細な出来事のなかからもつくり出していくことができるものなのです。

たとえば、他人にかかってきた電話を受けるとき、おざなりに伝言として受けるのではなく、相手が満足し、伝言が確かに伝わるよう安心できるような参加の仕方があります。相手に与えた満足感は、同時に、自分自身の充実感となります。

たとえば、いつも行う日常的なことを何かひとつ、昨日より手際よくやれたとすれば、あるいは、コミュニケーションのなかで昨日は言えなかったユーモアが加えられたとしたら、それが上質な時間をつくるということです。

Chapter

7.

上質な
自分をつくる

美と健康と人柄は自分でつくる

上質なものの筆頭は、必ずしもお金で買えるわけではありません。たとえば、美しさと健康、そして、人柄という財産。もって生まれた資質を自分の意志で保ち、日々積み重ねることによって、それぞれの個性を伴った財産となります。つまり、これらは、自分でつくるものです。

不健康な方法で美しさを求めると、財産の一部をなくすことになります。たとえば、ダイエットのために健康を害してしまったり、年を重ねたあとに美しさを放棄してしまうのは、上質な人生とはいえません。物質的な豊かさだけに精神の安定を求めて、自分自身を磨く努力がおろそかになってしまうのも、同様です。

自分の美を整え、健康を管理していくのは、自分自身の知性です。

〇〇だから仕方がないというわけは、知性の不足を自ら露呈しているようなものです。資格やもって生まれた能力の不足を嘆くのも同じことです。

世の中に溢れるたくさんの情報のなかから、自分を向上させるにふさわしいものを選ぶのも知性です。そして、毎日の生活をよい習慣に変えていくことが、上質な生活、上質な人生をつくります。

表情の美しい人になる方法

実は、人の美しさを構成するもののうち、いちばん重要なのは表情です。特に、年齢を経れば経るほど、いつもの表情がその人の顔つきとなって定着し、その人の印象、人となりを決定してしまいます。

表情は、その人の精神的な美しさ、健全さをそのまま表すものなのです。したがって、美しい表情の人となるには、外側と内側両方からの努力が必要となります。

まず、目です。輝く目は、顔立ちにかかわらず、美しさを感じさせます。鏡に向かっていつも輝かせていられるよう練習します。

鼻から息を吸い込むと、その瞬間、目が大きくなります。

次に、微笑みです。怒り顔より笑い顔のほうが美しく見えます。中国の故事にもあるように、眉をひそめた表情が美しく見えるのは、一部の特別な美人だけです。その場合でも、彼女に特別な関心をいだく異性ならともかく、ふつうの人は、美人の怒り顔より、十人並みの人の素晴らしい笑顔に注目します。

いつも笑顔を心がけましょう。道徳的な意味で言っているのではありません。あなたを美しく見せるための方法としてお勧めします。

ただし、自分が怒りたいときに無理して笑うのは結構ですが、人から怒られているときに笑ってはいけません。

まずは、鏡に向かって微笑む練習をしましょう。

鏡を見ると、顔というのがいろいろな部分で笑うことに気づきます。「お上品」ぶって、口元だけで微笑もうとすると、くしゃみ顔になります。どんなふうに笑うと自分がいちばん美しく見えるかを鏡の中の自分に訊いてください。

心の表情を美しく保つ方法

美しい笑顔のためには、自分の心の表情も重要です。本人に意識はないものの、端から見ると、いつも怒っているように見える人がいます。対人関係に緊張しすぎていたり、不満をもちすぎている場合、それが貧相な表情となって外に表れます。

ときどき、いつも「きっ」としていたほうが知性的に見えると誤解している人がいるようですが、それは自分の知性に対するコンプレックスの表れです。コンプレックスからくる自己防衛がもたらす表情です。こうした表情は怒っているように見えるだけでなく、とても貧相に見えます。隠そうとしてもにじみ出てしまうのが知性です。

不満や上昇志向の強すぎる人は、小さなことにも感謝し、無理にでも満足感をつくり出すようにするべきでしょう。失敗を悔やみ、ストレスをため込むより、失敗は失敗として認め、次の作戦を考え、明日に向かってください。

いつもいいわけをして、自分を守るために他人に責任を転嫁するような癖をつけてしまうと、表情が暗くなるか、きつくなるか、いずれにしろよいほうへは進みません。それより、素直に失敗を認めて、「次はできる」と自分にも他人にも言ってください。顔立ちが明るくなります。

そして、夜は、その日の出来事のなかから、幸せだったことを思い出して、自分に語りかけます。心に気持ちのよい言葉を思いつくままに自分自身に聞かせます。心に気持ちよい言葉というのは、たいてい感謝の言葉です。ですから、眠りにつく前に自分に言って聞かせておくと、安らかな眠りが得られるのです。

こうして朝を迎えたら、今日の目標、つまり楽しい願望ともいえるものを、鏡の中の自分に語りかけます。たとえば、「豊かな人生を送る成熟した人間になるために今日を励みます」と。

美しさは全身から。美しい姿勢のつくり方

美というと、メイクやヘアスタイルのことばかり気にしがちですが、他人の目という鏡には、あなたの全身が映っています。わたくしたちは、相手を全体としてとらえて見ています。つまり、体型と姿勢です。

太っていようと痩せていようと、それが美しくも醜くも見えるのは姿勢のせいです。色の白いは七難隠すという言葉がありますが、姿勢のよさは、顔からスタイルまで、欠点のすべてをカバーして余りあります。

美しい姿勢と惣腰は、それだけで、見る人に、その人があたかも美人であるような錯覚をもたらします。

それもただの美人ではありません。人柄もよさそうな、気品ある美人です。さらに、正しい姿勢は健康であることの出発点です。

一日に何度も見る鏡は、全身の映るものにしてください。そして、いつもチェックしてください。背中は曲がっていないか、お辞儀の仕方はどうか、歩き方はどうかと。

姿勢を正し、身体の欠点をカバーするのは筋力です。筋肉が衰えると姿勢を正しく保つことがつらくなります。筋力はいつも鍛えていなくてはなりません。早足で歩くことやダンベル体操は筋肉を鍛えます。

さらに、筋肉が衰えると、新陳代謝が低下し、太りやすくなります。いわゆる中年太りの原因のひとつです。お腹の出やすい人は、いろいろな方法で、腹筋を鍛えるストレッチングをしてください。

姿勢の悪い人、背中が丸くなりがちな人は、背筋をつけるストレッチングを習慣づけることです。椅子に座っているとき、足の甲を前に向けると、背筋が伸びます。もっと積極的に、専門家のトレーニングを受けるのもよいでしょう。

夜寝る前のストレッチングは、美と健康を維持します。

朝は、ベッドから起きあがる前に一分間は、大きく伸びをして身体をほぐし、動く準備をします。ちょうど犬や猫がやっている、あれです。身体が十分に動き出す前に、強い運動をしないこと。起きてすぐの入浴も身体に負担がかかります。


過度の運動は身体に悪いと断言できますが、骨や筋肉の衰えは、それ以上に身体に悪影響を与えます。若いうちから筋肉をつけ、骨をじょうぶにして、それを保つことが健康を守る方法であり、美を維持することにもなります。


鏡の中の自分は、もうひとりの自分です。

鏡の中の自分に微笑みかけて、元気づけるとき、同時に全身にも元気を与えます。ストレスを受け止めている身体のあちらこちらを優しい微笑みでいたわって、ご苦労さまとねぎらいましょう。

朝には、身体の隅々まで元気が行き届いていることをチェックします。鏡の中の現実をしっかり見すえることで、自分の身体を記憶し、その日一日、身体を意識して振る舞います。

毎日、美しいところを見つけて自信を増していきます。これは、鏡と自分の間だけのこと、小さな自己満足といえるものでよいのです。

美と健康のための生活習慣を身につける

いうまでもなく、睡眠は、美と健康の基本中の基本です。だらだらと長く眠るのではなく、早寝早起き、深く短く眠るのがよい睡眠。

運動するとよく眠れるといわれますが、昼間の肉体的トレーニングの集中時間が長すぎると、夜眠っていても脳は眠らない状態になりますから、疲れがとれません。精神的にも肉体的にもストレスを解消してから眠ります。

次に、温かくして眠ること。足が温かい状態で、楽な姿勢で寝ます。風邪を引かないためには喉を冷やさずに眠れるよう留意します。

できれば、九十分の倍数で、七時間半は眠りたいものです。

食事もまた、美と健康の基本です。食べたいと思うものを楽しく食べること、好き嫌いなく何でも食べることができれば、それで結構です。

日常の食事は、できる限り手づくりで、加工食品、レトルト食品をなくします。よい水、よいオイル、新鮮な材料を使えば、シンプルなメニューで十分です。

朝に充実した食事をとるのが理想的ですが、無理な人でも、果物と野菜、牛乳、ヨーグルト、もしくはこれらからつくるジュースは最低限とりましょう。このとき、ゴマやきなこ、またはプロテインなどを加えたいものです。

なお、果物、生野菜は、朝から昼までの食べものです。午後から夜は、温野菜にしていただきます。身体のためにいいからです。

夕食は、六時から七時の間にゆっくりととります。

もうひとつ、美と健康のための習慣で大切にしたいのが、「入浴」です。二十分から一時間、自分に合った長さ、温度での「長湯」がお勧めです。熱いお湯でのカラスの行水はいけません。手足をよくもみほぐし、細かくまめに洗います。

特に、指の手入れ、爪の手入れを大切に、時間をかけましょう。美しい指と爪は、それだけで美的に価値のあるものです。そればかりか、末端の手入れは、血液の流れを促進するという点で、健康維持のポイントともなります。

次に、髪ですが、地肌を清潔にすることを重点に、よくマッサージしながら洗います。若い人は気づかないでしょうが、髪も四十歳を過ぎる頃から急速に老化します。白髪の数以上に、輝きに違いが表れます。髪の老化には、睡眠時間が影響しているようで、髪を大切にする人は、夜更かしをしません。

子どもには子ども臭、若者には若者臭、中年には中年臭があります。これは、入浴と香りのよい食べもの（桃や杏など）によって消えます。香水は、若い人には必要ないか、つけるとしてもさわやかな香りが似合いますが、年齢とともに、自分に合った香りが少し必要になってきます。

さて、この項の最後に、「水」についてお話ししましょう。

美と健康のキーワードは、「流れ」です。身体が健康であるためには、新鮮な空気が取り入れられ、血液がいつもさらさらと隅々までよく流れ、養分を運び、老廃物を排出し、循環していること、リンパ液が滞らないことが肝心です。

血液やリンパ液など、身体に流動しているものの流れが悪いと、健康が損なわれる大きな要因となります。美容面からは、セルライトがたまり、体型が崩れます。水分を身体に取り入れ、血液の流れ、リンパ液の流れをよくし、水とともに汚れを排出させることが重要です。

一日に飲む水の量の目安は、一・五リットルから二リットル。水として一・五リットル、あとは、ハーブティー、緑茶、ココア、紅茶、中国茶、コーヒーなどの飲みものの類からとります。

水は、朝起きたときに十分飲みます。午前四時から九時の間です。眠っている間にたまった老廃物を流し出すために、夜寝る前にも、コップ一杯の水を飲みます。眠っている間に血液が濃くなりすぎるのを防ぐためでもあります。

風邪のときや身体が冷えやすい人、低体温の人には、ショウガ湯（ショウガをすりおろして、湯を通す。蜂蜜を入れると飲みやすくなります。くずを入れてくず湯にするとさらによいでしょう）をお勧めします。眠っている間に体温が上がり、基礎代謝もよくなります。ダイエット効果もあります。

最近は、ペットボトルのミネラル・ウォーターがよく飲まれていますが、水道水を浄水器で良質の水にすれば、ペットボトルの消費やリサイクルの手間を省くことができます。

浄水器は、水道水に含まれる有害物質の除去だけでなく、水道水を還元水に変えるものがお勧めです。還元水は、酸化物質を還元する力をもち、電気分解時にミネラルや活性水素が発生します。

上質な人生をつくる よい人柄の人になる方法

人柄のよい人を見ると、生まれながらにいい人なのだろうと考えがちですし、たしかに生まれもったもの、育った環境もあるでしょうが、多くは自分自身でつくり出していくものです。人は、今の自分の感性を磨くことによって、よい人柄に至るのです。

ではよい人柄の定義とは？　これにはいろいろあるのでしょうが、何より「他人の役に立つことをする人」、それが喜びと感じられる人でしょう。わたくしたちは、人との関わりのなかで、社会とのつながりのなかで、生きていくものだからです。その観点から自分自身を見つめ直すとき、多くのことが見えてきます。

一般にわたくしたちは、人との関係において、まず自分の立場を守ろうとするものです。でも、そうやって守ろうとしているものとは何なのでしょうか。いったい、自分は何を恐れているのでしょうか。今やっている方法は、本当に自分を守るうえで役に立っているのでしょうか。静かに自分自身を見直すときです。

まずは、自分をごまかさない、行動をうやむやにしたり、すでに言っていることとつじつまが合わないことで切り抜けようとしないことです。そのほうが明快な情報にも出会え、考え方もすっきりして、相手にもよい印象を与えます。

はじめの目的が変更になったり、途中で考え方が変わることがあるのは当たり前です。何が目的かを真剣にとらえていれば。よく考えて、どこで変わったか、なぜ変えたかを周囲に明確に伝えればいいことです。そして、もしとがめられたら、謝ること、認めることです。むしろ周りは変更を受け入れて手助けしてくれるでしょう。

上質な人生というものを望むなら、何であれ、第三者的に「仕方がない」と放棄するのではなく、自分自身で関わり、自分の責任ある発言で行動するパワーをもつことです。パワーは、エネルギーというより、意志の力です。

上質生活にふさわしい人柄を考えるとき、忘れてはいけないのが、ヒューマンネットワークです。人が社会のなかで生きていくには、人脈はおろそかにできません。生まれ育った家柄、家族の人脈は、もっている人にとっては役に立つものですが、そうした有効な人脈がないとしても、人柄で、人脈をつくっていくことはできます。与えられた人脈は一度しか通用しませんが、自分自身の人柄で築いた人脈は強固なものとなります。

人脈を築くポイントは、人脈を自分の利益に役立てようとするのではなく、その人脈の役に立つ自分になることです。相手を大切に思う気持ちはあっても、日常の雑事に追われて、それを行為で表すタイミングを逸してしまったり、繋がりを絶やさないようにするためのこまめな心配りを怠ってしまったりしがちなものですが、これでは、人脈をなくしてしまいます。

何事にも積極的でなければなりません。積極的になるには、しなくてはと思ったことを、次々に先送りにしないことです。今日できることを明日にしないこと、それも、小さな積極性です。わたくしはこれを瞬間行動と呼んでいます。気づいたときに瞬間に処理してしまうことです。

日常生活には、我慢しなければならないこと、したくないけれどしなくてはいけないことがたくさんあるものですが、馴れて楽しめるくらいの強さをもちたいものです。

どんなときも、明るさを失わないために、明るさの表現である笑顔を忘れないことです。明るさとは、どんな事態にあっても、考え方を素早く切り替え、明るい方向、前向きに考えていく努力を惜しまない、ということです。

日本庭園の水の流れのように……人の役に立つことをする

日本の伝統的な庭園には、現代のデザインに必要なさまざまな要素がすでに様式として確立されています。そのひとつに、水の流れがあります。滝のように流したり、石を置くことで流れに変化をつけたり、橋を渡して流れを上からも見ることができるようにしたり。それは、都市や駅や街並み、ショッピング通り、店内の展示などでの人の動きを考えるときの要素と基本的に同じです。

人がどのように行動するのか、何によってその行為が変わるのか……これはまさしく日本庭園の様式にある「流れ」です。スムーズに流れていくこともあれば、何かにぶつかって別な方向に流れたり、澱んでそこにとどまったり……住まいについても、その間取り、部屋の中の家具の配置による人の動線、住まいの中での空気の流れ、みな同じなのです。

「流れ」というキーワードでさまざまなものを見直してみるとき、他人の役に立つことが、自分が生かされていくことだと確認できます。何かにこだわってしまうことで、流れを悪くしたり、流れを違った方向に向けてしまうこともあります。が、それ以上に、まったく無意識のうちにこうした流れを妨げる行為を犯してしまうことが多いようです。

あたかも日本庭園の「流れ」の役石のように、流れのなかに、自分の立場、人の立場を見つけたいものです。自分がどのような立場をとっているのかを知り、その関わりにおける互いの立場を理解することができれば、すべての人が美しくいられます。

自分の立場はそのときどきによって違います。あるときは仕事上の立場、あるときは家庭内での立場、住む場所における立場、社会と関わりをもつ者としての立場、日本人として、地球上の生物として……他人もまた同じように立場をもっています。

親と子、先生と生徒、客と店員、社長と社員、それぞれ人間として対等ではありますが、互いに立場は違います。それぞれの立場を理解して対応するのが、相手も自分もともに美しく生きる方法です。尊敬や謙譲による言葉づかいの源もそこにあり、気配りの必要性もそこに生じるのです。

Afterword

あとがき

住環境は生活の基盤であり、生活がより美しく快適であることのために重要な役割を担います。住環境は多くのデザインで成り立っているものです。デザインは商品を売るための付加価値ではなく、使う人の生活にふさわしい理念のもとに、色や形、機能等が一体となって、それぞれの商品を良質なものにする役割なのです。つまり、デザインとは目には見えない考え方を具現化することです。

この仕事に長年携わるなかで、人とものと空間のよりよい関わりをはじめ、衣食住がどうあればよいかを考え続けてきました。たくさんのことを考えましたが、その中で、「上質」と「シンプル」をテーマに、お勧めできることを本書にまとめてみました。

どのような職業、年代であっても必要なことは、健康とよい感性です。それを育むのが快適な住まいの空間です。快適であることは気分がよいと言い換えられます。人それぞれに気分のよさに違いがあるとしても共通するのは、美しいことと丁寧なことです。

美しく丁寧なものは上質といえます。

上質なものには手がかかります。

現代においてはセルフサービスが基本ですから、上質なものを、自分の手に負える程度の量だけもつことで、「感性を磨き」、気分のよさを味わって疲れを癒し、健康を維持できれば、素晴らしいことです。

最初に本書が作られてから十五年が経って、社会のシステムや環境の変化とともにこの考え方はますます重要になってきたのではないかと思えます。それはテクノロジーの発展のスピードの速さが人間性の向上を追い越して、むしろ人が劣化しているとさえ思えるからです。

優れたテクノロジーの社会であればあるほどに人間性の向上が必要とされます。上質生活を毎日を繰り返すことで、人間性が向上すると信じてやみません。上質生活を求める方に少しでもお役に立てば幸いと切に願っております。

加藤ゑみ子　二〇一五年五月晴れの朝に

Une Bonne Vie
上質なものを少しだけもつ生活

発行日　2015年5月30日　第1刷

Author　加藤ゑみ子

Book Designer　加藤京子

Publication
株式会社ディスカヴァー・トゥエンティワン
〒102-0093　東京都千代田区平河町2-16-1 平河町森タワー11F
TEL　03-3237-8321（代表）
FAX　03-3237-8323
http://www.d21.co.jp

Publisher & Editor　干場弓子

Marketing Group
Staff　小田孝文　中澤泰宏　片平美恵子　吉澤道子　井筒浩　小関勝則　千葉潤子　飯田智樹
佐藤昌幸　谷口奈緒美　山中麻吏　西川なつか　古矢薫　伊藤利文　米山健一　原大士　郭迪
松原史与志　蛯原昇　中山大祐　林拓馬　安永智洋　鍋田匠伴　榊原僚　佐竹祐哉　塔下太朗
廣内悠理　安達情未　伊東佑真　梅本翔太　奥田千晶　田中姫菜　橋本莉奈　川島理　倉田華
牧野類　渡辺基志
Assistant Staff　俵敬子　町田加奈子　丸山香織　小林里美　井澤徳子　橋詰悠子　藤井多穂子
藤井かおり　葛目美枝子　竹内恵子　清水有基栄　小松里絵　川井栄子　伊藤由美　伊藤香
阿部薫　常徳すみ　三塚ゆり子　イエン・サムハマ

Operation Group
Staff　松尾幸政　田中亜紀　中村郁子　福永友紀　山﨑あゆみ　杉田彰子

Productive Group
Staff　藤田浩芳　千葉正幸　原典宏　林秀樹　三谷祐一　石橋和佳　大山聡子　大竹朝子
堀部直人　井上慎平　松石悠　木下智尋　伍佳妮　張俊崴

DTP　朝日メディアインターナショナル株式会社
Printing　中央精版印刷株式会社

ISBN978-4-7993-1683-2